一 个 人 ， 遇 见 一 本 书

TopBook
饕书客

龚 琛－著

通天塔与空中花园
——古巴比伦人的生活

Babel and Hanging Garden
—— the Ancient
Babylonian life

TopBook
饕书客
陕西新华出版传媒集团
陕 西 人 民 出 版 社

图书在版编目（CIP）数据

通天塔与空中花园：古巴比伦人的生活 / 龚琛著
. -- 西安：陕西人民出版社，2022.3

ISBN 978-7-224-14384-3

Ⅰ．①通… Ⅱ．①龚… Ⅲ．①古巴比伦王国—历史—通俗读物 Ⅳ．①K124.3-49

中国版本图书馆 CIP 数据核字（2022）第 027878 号

出 品 人：赵小锋
总 策 划：刘景巍
出版统筹：关 宁 韩 琳
策划编辑：王 倩 王 凌
责任编辑：张启阳
整体设计：哲 峰 杨亚强

通天塔与空中花园：古巴比伦人的生活

作　　者 龚 琛
出版发行 陕西新华出版传媒集团 陕西人民出版社
（西安市北大街 147 号 邮编：710003）
印　　刷 陕西隆昌印刷有限公司
开　　本 880 毫米 ×1230 毫米 1/32
印　　张 7.75
字　　数 171 千字
版　　次 2022 年 3 月第 1 版
印　　次 2022 年 3 月第 1 次印刷
书　　号 ISBN 978-7-224-14384-3
定　　价 55.80 元

如有印装质量问题，请与本社联系调换。电话：029-87205094

前言

水是生命和文明的源头，从古至今的人类文明都依水而生，河流就是人类文明的生命线。

相对于海洋的无边无际，河流并不宽广的河道，却因为滋润大地哺育生灵，更让人感到亲近。

源自土耳其东部山间的底格里斯河与幼发拉底河相距咫尺，一同东去，经叙利亚北部和伊拉克注入波斯湾。它们构成的“底格里斯－幼发拉底”水系下游地区就是美索不达米亚。这两条河流如同 DNA 双螺旋一般，缠绕互动，创造了肥沃的平原，孕育出人类历史上最早的文明之一——两河文明。

美索不达米亚是古希腊人对两河流域的称呼，意为“河流之间的地方”。这一古文明摇篮在广义上的范围东抵扎格罗斯山，西到叙利亚沙漠，南迄波斯湾，北及托罗斯山。而狭义上的范围仅指两河之间的地区，其位置大约就在今天的伊拉克。

早在六千年前，两河之间就已经诞生了较发达的古代文化，我们所熟知的四大文明古国之一古巴比伦就诞生于此。

其实两河文明与巴比伦文明并不能直接画等号，因为美索不达米亚分为南北两部分，南部叫巴比伦尼亚，北部则被称为亚述。在美索不达米亚这片土地上，先后出现了苏美尔、阿卡德、巴比伦、亚述等文明，后来又成为波斯、马其顿、罗马与奥斯曼等帝国的一部分。由于巴比伦是两河流域所孕育的文明中最有代表性的一个，所以今天人们所提及的巴比伦文明往往是对美索不达米亚地区所有早期文明的泛称。

古巴比伦本来距离我们已经非常久远，关于它的一切已被掩埋在两河流域的漫漫黄沙中，但是一个多世纪之前考古学家发现了它，从那时起，人们才知道《圣经》中所说的“伊甸园”究竟是什么模样：在这片神奇的土地上诞生了最早的文字、最早的城市、最早的法典、最早的图书馆以及最早的史诗。

古巴比伦就是这样的“天堂之地”，漫漫沙尘并不能遮掩它曾经的璀璨光辉。

经过百余年来考古、历史和人文学家薪火相传、不懈努力，我们终于能够拂去历史的尘埃，看清那些刻在泥版上的文字。

一幅壮阔的历史画卷已然打开，让我们穿越时光，重返伊甸园，感受古巴比伦的奇妙生活吧。

目录

第一章

美索不达米亚

现在，这里满是凄凉。

你先是惊奇，而后惊叹：这里单调的环境让大脑缺乏调剂，没有什么东西能够使你看到希望或了解过去。

——奥斯汀·亨利·莱雅得[1]

不少游客怀着寻访伊甸园的梦想，满怀期待地来到酷热干旱的伊拉克。在这里，中午热得像火炉，晚上冷得像冰窖，还要忍受讨厌的苍蝇、不时钻进鞋子和衣服里的蝎子以及阴险地潜伏在暗处的剧毒的蝰蛇。

终于，他们被阿拉伯向导引领至荒僻的山丘前，然后听到一句阿拉伯腔的英语或法语："这里就是古代的城市。"

游客们瞪大了眼睛四处打量，思索着眼前的沙土堆究竟属于苏美尔文明、阿卡德文明、巴比伦文明、亚述文明中的哪一个？无论从前

[1]19 世纪英国考古学家。

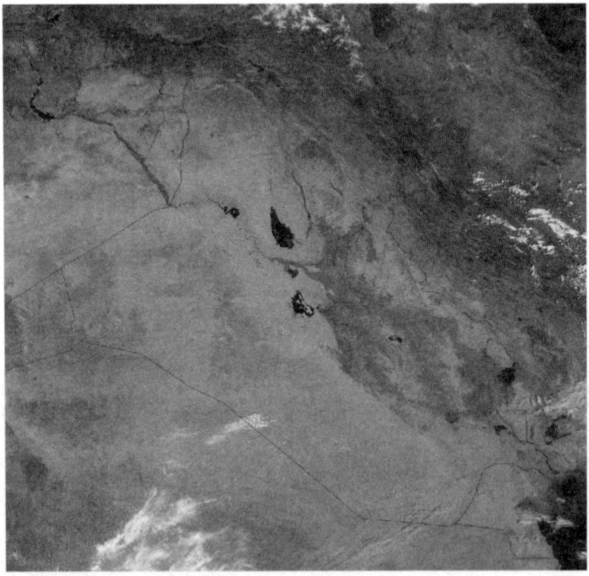

卫星地图中干旱荒芜的伊拉克

的世界有多么美好，现在，他们只能从那些摇摇欲坠的塔楼残骸或孤零零的土堆上“脑补”过去的繁华。

伊拉克不是埃及。

这里没有伟大的金字塔和刻在石墙上的神秘象形文字，遗址里很难找到珍贵优雅的纪念品，甚至想在古老的土地上捡起一片碎石瓦砾都是奢望——这里只有混杂着泥土和沙石的古建筑框架。在这片被两河周期性泛滥带来的泥沙所堆积出的土地上，举目望去，除了泥土，还是泥土。

从巴格达向南直到波斯湾的广袤平原上，既没有高耸的山石，也不见茂密的森林，除了春季降水之后萌发的野草之外，一块块干涸的耕地之间鲜有植被。这里的夏季长达半年之久，最高地表温度能达到五十摄氏度，而冬季最低可达零摄氏度，年平均降水量只有两百毫米左右。

在古代伊拉克的土地上，大块石材是稀罕的东西，就算是壮丽辉煌的王宫和圣洁无比的神庙也做不到像埃及人那样用石头修砌。例如在尼尼微城中，珍贵的石板就被用来雕刻神灵和国王的雕像。当19世纪初的伊拉克农民挖掘出这些石板时，他们认为这些刻在石板上的人和兽统统都是古代的异教魔鬼，于是先捣毁石板再烧成石灰，最后欢天喜地地抬回家里去刷墙了……

所以，美索不达米亚先民的遗产中留下的最多的还是泥土。

从某种意义上来说，泥土就是美索不达米亚文化的符号。

在这个只有炎热夏季和“温暖”冬季的地区，大自然赐予人们的只有水和土——美索不达米亚文明就建立在这一片混杂着水和土的淤泥之上。

先民们将洪水退去后的淤泥混杂芦苇、稻草、碎石和碎陶片后制成泥砖晒干，然后抹上灰泥将泥砖砌成房屋。当然，他们懂得烧制更坚固耐用的砖块。但是这里缺乏做燃料的木材，黏结泥砖用的沥青也需要从很远的死海辗转运过来，所以能用得起砖块的建筑不是王宫就是神庙。

就这样，泥土构成了人们的家园。

然后，文字出现了。

掌握知识的书吏和祭司们用带斜尖的木制笔在湿润的泥团上书写楔形文字，这些泥团干燥后就形成了重约一公斤的泥版。这些泥版一般会被放入火中烘烤使其更坚固，然后按顺序排列在木架上供人阅读。

沧海桑田，被漫漫风沙湮没的泥版静静等待着重见天日的时刻。数千年时光一瞬而过，今天，我们终于再度进入泥版中的史前世界，见证辉煌时代的美索不达米亚。

来吧，重返伊甸园。

第一节

苏美尔的伊甸园

无论是犹太教、基督教还是伊斯兰教，都将人类诞生之初的家园称为“伊甸园”。

伊甸园是地上的乐园，当神创造出人类的祖先亚当和夏娃后，就将他俩安置在伊甸园。而当亚当和夏娃因偷吃禁果而犯下原罪被上帝流放时，这里就成了“失乐园”。很久之后，经过末日审判之后的人类获得救赎再次回归这片土地，这里又成了“复乐园”[1]。

无论人间得与失，所指向的都是伊甸园，而这个地上的乐园就是美索不达米亚的一座城市。早在近六千年前，这座城市便已经出现。这里最早的居民苏美尔人有句古话：

自古便有埃利都——伊甸园就是埃利都。

[1]《复乐园》(1671) 是英国著名诗人、政治活动家约翰·弥尔顿继《失乐园》之后的又一力作，也可以说是《失乐园》的续篇。作家以饱满的热情讴歌了耶稣的诞生，讲述了耶稣抵御住撒旦的诱惑，从而拯救人类重返伊甸园的故事。

埃利都位于今天的伊拉克济加尔省境内，被当地人称为“阿布沙贺莱茵丘”。

19 世纪末考古学家发现这里时，他们看到的是位于幼发拉底河西部的一个死寂的世界：这里只有贫瘠的沼泽、移动的沙丘和永恒不变的土墩，土墩上是一座土砖修砌却坍塌已久的苏美尔金字塔形神庙遗迹。

随着考古工程缓慢地进行，时光渐渐回溯到远古时代。那是埃利都的黄金时代，那是万人称颂的伊甸园福地——

那是苏美尔人的家园。

大河奔流

幼发拉底河发源于土耳其安纳托利亚高原，蜿蜒流经叙利亚阿勒颇和伊拉克巴格达等中东城市后注入波斯湾。同样发源于安塔托利亚高原的底格里斯河汇聚了来自伊朗东部扎格罗斯山脉的支流后，抵达伊拉克摩苏尔和巴格达以下，与幼发拉底河平行并排着向波斯湾流去。

这两条大河自古以来没有改变过河道，今天人们眼中看到的景象与古代并无二致：

褐色平原上奔涌着两条水量充沛的大河，激流中产生无数的漩涡。正因为如此，从亚述时代开始的美索不达米亚浮雕上便用漩涡来表示大河。

伊甸园埃利都

幼发拉底河全流域图

西亚[1]不是一个四季分明的区域，准确的来说这里只有雨季与干季之分。每年的 11 月到第二年的 5 月，来自美索不达米亚北部的季风夹带着浓厚的水汽越过黎巴嫩山脉，雨水就这样徐徐落在干渴已久的土地上。到了春天气温回升时，土耳其东部山区冰雪消融，雪水连同雨水一起形成弥漫在美索不达米亚南部的洪水。宽阔平缓的幼发拉底河河床中间部分比周围高，泛滥时河水会浸泡周围盆地数周之久。水深流急的底格里斯河河床比幼发拉底河河床低，所以它的泛滥区相对较小。

大洪水带来丰富的沙土，让美索不达米亚成为肥沃的平原，但这洪水也有“不定时、不定量”的特点，因为它的发生时间和流量要看当年山区冰雪融化的速度。

美索不达米亚的洪水比尼罗河的泛滥更加不可测，当它迟到时大地丧失生命力，而当它提前来到时则滔天巨浪淹没一切——从苏美尔神话史诗《吉尔伽美什》[2]中的洪水传说到《圣经·旧约》中的诺亚方舟故事，都反映出美索不达米亚居民对史前大洪水的记忆。

4 月时分，美索不达米亚的土地由褐色转为一片嫩绿，洪水带来的肥沃沙土展现出蓬勃生机。草丛中，雏菊、郁金香和银莲花等野花四处绽放，野生小麦等原始作物夹杂在野草中抽穗灌浆。到了 5 月，平原上雷声滚滚，闪电和暴雨在天空与大地之间肆虐，也让古人类产生了雷神的概念。雨季过去，旱季临近。野草快速枯黄，大地恢复成

[1] 西亚（Western Asia），亚洲西部，自伊朗至土耳其，是联系亚、欧、非三大洲和沟通大西洋、印度洋的枢纽。

[2] 这是一部号称世界上最早的史诗和神话，起源于西亚的底格里斯河及幼发拉底河流域。

美索不达米亚平原上的遗迹

单调的褐色——又一次自然循环开始了。

一万两千年前，人类生活的印记第一次出现在底格里斯河和幼发拉底河之间。一千年后，这些以采集狩猎为生的原始部落在两河流域逐渐转变为定居农耕者——他们驯化了小麦并建造了定居点。

美索不达米亚最初的民居是在地下开掘出的圆形小屋，屋顶上覆盖着树枝和芦苇编织的屋顶，屋里的中央位置是石块堆砌的火炉，人们通过梯子进出房屋，晚上就和狗一起睡在火炉周围。

美索不达米亚的先民最早是用木棍掘洞来种植小麦、大麦、扁豆、豌豆和鹰嘴豆，用沥青将石刃固定在兽角上制成镰刀收割作物。这块土地极其肥沃，以至根本不需要施肥，植物就能飞速生长，于是人口开始快速膨胀。很快人们开始使用非常原始的犁来更有效率地耕地，并驯化牲畜用来耕地、运输以及作为肉、奶的来源。

又过了五百年，脾气暴躁的山羊出现在村落里；再过五百年，更温顺的绵羊出现了。先民们在九千五百年前开始尝试养猪；又是五百年过去，牛和猫一起成为定居点中的常客。

时间到了公元前 4000 年，苏美尔人赶着驴子登场了。

得失伊甸园

巴比伦文明大致以今天的巴格达城为界，分为南、北两部分。北部以亚述城为中心，一般简称亚述；南部以巴比伦城为中心，一般称为巴比伦尼亚，意思为“巴比伦的国土”。巴比伦尼亚分为南、北两块，北部是阿卡德，南部是苏美尔。

在巴比伦之前，美索不达米亚的文明之光起源于苏美尔人。苏美尔人将自己居住的肥沃平原称为“伊甸”，这个词汇传于后世，成为“天堂”的代称。

那么苏美尔人是怎么出现于伊甸园的呢？

在一块公元前2000年的泥版中这样记录了描述世界起源的苏美尔史诗：

最初，没有芦苇，没有树，没有房屋，没有城市。到处都是海洋，后来建造了埃利都。

远古之初，太古之初，当混沌初开，人类之父、智慧之神恩基便起帆远航。

在苏美尔人的想象中，太古之初是一片原始海洋，在肉眼无法看到的神灵意志下，海洋孕育出天空、大地和栖息在其间的无数生灵。执掌这个世界的神灵有男有女，他们需要食物和住所维持生活，于是便按照自己的形象创造出人类为自己服务。

苏美尔人相信埃利都是淡水和智慧之神恩基的恩赐，这位形象半人半鱼的大神来自诞生一切生命的深渊海洋，他建立起埃利都这座世界上最早的城市。

既然城市是神灵所建，那么自然归神灵所有，受到神灵庇护。苏美尔的每个城市都有自己的守护神，他们是大自然创造与毁灭之力的人格化象征。神庙就是神灵的家，所以苏美尔的城市布局都围绕神庙而建。

撇开神话不谈，历史学家对苏美尔人的起源多年来一直存在争议。

通过现代考古学发现的苏美尔雕像来分析，这个民族的族人身材矮胖，前额后倾的滚圆头颅上有大大的眼睛和直挺挺的鼻梁。从苏美尔人自称“黑头人”来看，似乎他们拥有黑色的头发。这个民族一般不留长须长发，就算有偶尔出现坚持蓄须的另类型男，一般也会把上唇胡须剃光只保留下巴上的大胡子。

苏美尔人的体态特征与文化习俗看起来与其他美索不达米亚土著居民相貌差距不小，所以大家一致认为这些创造出伊甸园文明的民族应该属于外来户，但关于他们究竟从何处迁徙而来这一点则众说纷纭，未有定论。

根据苏美尔的创世神话暗示，有人认为他们应该是渡海而来的移民。但在 20 世纪 20—30 年代，英国考古学家列奥纳德・伍利在苏美尔王后舒伯亚德的陵墓中发掘出了两个船只模型后，人们发现凭苏美尔人简陋的船舶制造技术似乎难以进行远洋航海。

后来人们想到从苏美尔人早期文化遗址中的建筑造型来寻找突破口——那些遗址是使用木结构原理建筑的，所以有人猜测苏美尔人来自林木茂盛的伊朗高原山区。此外他们的庙宇都建筑在泥砖高台之上，远望酷似群山之巅。但是这样一来，就与苏美尔的创世神话又对不上了。还有人认为苏美尔人来自印度河河谷，因为他们的印章与古印度文化遗址中出土的长方形的印章非常相似，无论从制作外观还是从图案风格上似乎都有传承性，但是并没有其他证据显示苏美尔人是从遥

泥版上的苏美尔楔形文字

远的印度迁徙到美索不达米亚的。反对这一猜测的学者质疑：在上古时期，有什么原因能促使苏美尔人的祖先做如此远距离的迁徙呢？

自从楔形文字被破译以后，有人类学家认为苏美尔语言与东亚语言存在一定的相似性，那么有没有可能是蒙古，甚至是古中国人的祖先一路迁徙到美索不达米亚呢？苏美尔人的黑发也算是一个旁证，但这个仅凭读音相似性而产生的猜测似乎比“印度说”更不靠谱。

接下来，一种思维极具跳跃性的猜测来了，这种猜测在 20 世纪飞碟传说最盛行的时候出现：苏美尔史诗中有很多看似描写空间飞行的字句，苏美尔神话的每个神都和一个星星有关，苏美尔人自认为是众神降落在这个世界后创造出的子孙。于是有些人产生了一个大胆的想法——苏美尔人是外星人，因为能够在六千多年前就创造出如此辉煌文明的民族指定不能是地球人啊！

不过，随着飞碟热的退烧，到 21 世纪，这种说法逐渐鲜有人提及。

就这样，大家最后还是没弄清楚苏美尔民族从何处起源。不过考古学者对此并不感到失望——毕竟，仅仅就发现苏美尔人存在这一点来说，已经是考古学中划时代的伟大成果了。

两河流域古老的水渠

幼发拉底河畔青翠的麦田

1956年，美国东方学家S·N·克莱默出版了《历史从苏美尔开始》一书。他在书中列举了由苏美尔民族首创的世界史上的二十七个“第一”，从此苏美尔文化被视为人类文明的摇篮，而通常意义上，延续三千年之久的美索不达米亚文明也由此开始。

这二十七个第一包括如下内容：最早的学校、最早的献媚事例、最早的少年犯罪事例、最早的“神经战”、最早的两院制议会、最早的历史学家、最早的减税事件、最早的“摩西”法典、最早的判例、最早的药典、最早的农历、最早的遮阴树栽植试验、最早的宇宙演化论和宇宙论、最早的伦理标准、最早的“约伯”、最早的格言和谚语、最早的动物寓言、最早的文学争论、最早的类似《圣经》中的事件、最早的“诺亚”、最早的复活故事、最早的“圣乔治”、最早的文学移植、最早的英雄时代、最早的情歌、最早的图书馆目录和最早的黄金时代。

这二十七个第一看似很全面，却漏掉了苏美尔人更重要的几项发明，例如冶炼技术锻造青铜、铜镰刀收割小麦，等等。此外，他们还发明了正式的犁和车轮，这些工具让农业生产和商业运输得到了极大的助力。

当然，苏美尔人更重要的发明还是基于泥土的。

苏美尔人来到两河之地，把“玩泥巴”的手艺练到炉火纯青的地步：他们不光从泥巴里发明了记录文字的泥版，更通过泥巴发明了灌溉——苏美尔人通过在网状分布的河流之间挖掘运河和水渠，使用芦苇、沥青和烧硬的泥砖筑起堤坝等方式，将底格里斯河和幼发拉底河水引入美索不达米亚南部降雨量不足的干旱土地，将农业生产开展得红红火火。这些堤坝并不是由一个村落单独修建的，往往要数个村落合力完成。当水利工程完工后，苏美尔人选出被称为“古格拉姆”的河道巡查者来管理水渠，分配各村的供水量。

春天到来时，亚麻萌芽生长，美索不达米亚的灿烂阳光照耀着繁星般的蓝色和白色花朵。

一转眼夏季来临，远处蔚蓝天空下涌动着金色的麦浪……

距离河流最远的地方是牧场，苏美尔牧人在这里看护着成群的绵羊、山羊、驴子和牛，猪虽然有专人喂养，但它们更喜欢在居民区的垃圾山里“流连”。这些动物除了为苏美尔人提供畜力、皮革、脂肪和作为肉、奶来源之外，羊毛纺织物还成为重要的商品。苏美尔人将羊毛按照品质分拣梳理，进行纺线、染色、编织后成为“出口创汇”的拳头产品，直接刺激了苏美尔人与异族之间的贸易往来。

丰饶的农业产生了剩余产品，足以支持非农业人口的出现。于是以城市为核心的城邦国家出现了，生活在城市中的工匠、祭司、士兵、官吏和国王等各社会阶层也应运而生。

到公元前 3200 年时，美索不达米亚南部已经有百分之七十的人口居住在城市里。因为苏美尔人没有留下详尽的人口统计档案，所以历史学家只能以粮食供应和城市面积估算，这些城市人口加起来约二十万人。苏美尔的全部城市数量大致在三十个左右，分散在草原各处的临水之地。

以中国的标准来看，苏美尔的城市规模不算大，即使是最大的城市埃利都在鼎盛时期也不过只有五万人口。不过 9 世纪初叶的巴黎城里也才不过两万五千市民，换个对比对象来看，它的城市规模也不算小。

苏美尔的城市大多面积不大，但是这些小城规划有序，它的居民生活优雅富足，在那个蒙昧的史前时期，正是由这些富裕舒适的城市生活，诞生出关于伊甸园的美丽传说。

苏美尔人的民居风格与先前时代的民居大为不同，他们住在泥砖砌成的房屋里，将石膏抹在夯筑平整的黏土地板上，在屋顶铺上树枝和芦苇并用黏土进行加固。这种房屋冬暖夏凉，相当舒适坚固，只是每到冬季漫长雨季降临之前必须在屋顶再敷设一层黏土来防止渗水。

苏美尔人没有定点倾倒垃圾的环保概念，他们的生活垃圾就随手倒在户外，这不光带来了恶臭和讨厌的苍蝇与老鼠，还有雨季污水和淤泥的倒灌，不过苏美尔人早就想好了对策——他们并不打算运走垃圾，而是选择加高室内地面……苏美尔人在室内地面上再夯上一层黏土，并敷上一层灰泥，让室内地面高于室外的垃圾层。这是一种与时间赛跑与垃圾比高的持久战，可以想象一下村落和垃圾山比赛长高的有趣画面。但这种持久战不会无限延续，美索不达米亚的古代居民点难免会遭遇战争、火灾、瘟疫、地震、洪水等天灾人祸，当灾难来临时，人走屋塌，只留下荒漠中的断壁残垣。

不得不说，在当时，这很环保。

若干年后，新的外来居民重新占据了古代遗迹，他们参考地理位置权衡一下，显然还是在废墟基础上重建城镇村落比较划算。在如何清理废墟的方法选择上，黏土建筑的特点决定了新来移民的选择，必然是将废墟推倒夯成地基，重新建造泥砖房屋，开始新一轮的兴衰轮回。

慢慢地，苏美尔人的城市变得越来越高，在当前城市的下面是一层又一层的古代遗迹地基。沧海桑田，这些被遗忘的远古城镇在风沙侵蚀下形成了伊拉克各地随处可见的土丘。

伊甸虽美，梦易醒。

综观苏美尔人的历史会发现，这里每一个城市都无法长久兴盛，所有的政权都不能持久。根本性原因还是农业的衰败导致国力下降，饥荒、动乱频发，而农业的衰败又与苏美尔人引以为傲的灌溉技术息息相关。

发达的灌溉技术催生出强盛的苏美尔城市，但毁灭的种子也因滔滔江水而生。水中含有微量的盐分，长期大面积灌溉后，农作物的根系吸收了水分和肥料，盐粒却被过滤出来留在浅层土壤中，日积月累之下，肥沃的农田逐渐变成盐碱地，小麦根本无法发芽。苏美尔农夫被迫改种耐盐的大麦，但大麦的产量也越来越低。

在降雨充沛的美索不达米亚北部，这个问题还不严重，因为雨水会将盐分冲刷到深层土壤中从而远离植物根部。在缺少降雨的美索不达米亚南部，这就是个无解的难题了。

人们不懂得这一切发生的原因何在，只好将此归结于神灵的惩罚。苏美尔神话中传说诸神创造人类之后又对人类的聒噪喧哗感到厌烦，于是风暴之神阿达德[1]受天气之神恩利勒[2]之命，使降雨停止，洪水不再从深渊中涌出，农田的产量逐渐降低，原本黑色的田野变得一片

[1] 阿达德，巴比伦神话中的风暴之神和天气之神，雷鸣是其声音，闪电是其武器。

[2] 恩利勒，出现于古巴比伦时代泥版书《阿加德的诅咒》，他是众神之首，掌管大地、天气、风暴、战争。

雪白，广阔的平原积满了盐，可怕的饥荒降临了。

因为不耐烦饥荒的死亡效率低，众神还制造了一场大洪水来彻底清除人类。

从公元前 2500 年到公元前 1700 年间，苏美尔的土地盐碱化问题越来越严重。即使农民们将表层土壤运走，农田也至少需要数十年才能恢复到适合耕种的水平。于是小麦被更耐盐的大麦取代，但很快，大麦的产量也逐步降低以致无法支持城市消耗。于是城市逐渐缩小成为村庄，村庄又渐被废弃，沦为荒原中的土丘。

为了争夺有限的沿河土地，城邦之间的战争导致苏美尔文明加速衰落，整个美索不达米亚的文明中心也由南向北转移。

就这样，苏美尔人逐渐失去了他们的伊甸园。

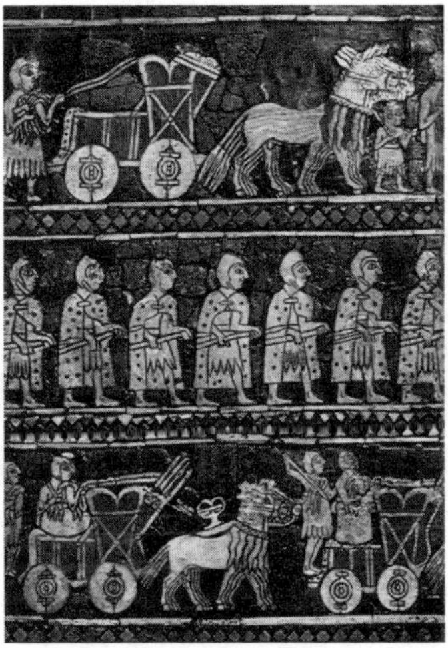

大英博物馆藏，《乌尔王军旗》上描写的手持短矛的苏美尔步兵与四驴驱动的四轮战车

苏美尔早期王朝

20 世纪 20 年代，英国考古学家列奥纳德·伍利爵士带领联合考古队，历时十

余年发掘出美索不达米亚南部的乌尔城，通过在遗址中找到的十六座早期乌尔王朝王陵，向世人展示了苏美尔文化存在的证据。

伍利率领的考古队首先对乌尔古城中的一处供奉月神娜娜[1]的金字塔形神庙遗址进行挖掘，接下来又像土拨鼠一般四处打洞，发掘了塔庙周边多达六百六十余座古墓。这批古代墓葬属于公元前2600年至公元前2500年的乌尔第三王朝时期，一个又一个长眠中的苏美尔骸骨被铁铲唤醒。英国考古学者们发现，狭小的长方形墓坑中的死者大多属于平民阶层，他们中体面一些的墓主拥有木制棺材，惨的只有一席苇席包裹，随葬品不过是一些简单武器、珠宝及日常生活器具之类。

但伍利不肯放弃继续寻找，终于找到了国王和王后的墓葬。这些墓葬不仅规格宏大气势非凡，更有丰富的随葬品和多人殉葬的情况。在古墓中发现了刻有“国王墨斯卡兰都”“乌尔国王阿卡兰都”“王后蒲阿比”等字样的滚筒印章，证明它们的确属于王室所有。

伍利发现的每一座王陵都有一个位于墓穴深坑底部的拱形或圆穹形石砌墓室，墓主在大量奇珍异宝的陪伴下长眠于此。大多数王陵中都发掘出殉葬的男女随从，他们的尸体或与墓主同葬于主墓室，或葬于与主墓室相连的侧室内。在这些随从的身旁，通常还伴有随葬的车辆及拉车的公牛或驴马。

在编号 789 号王陵殉葬坑中，六名头戴铜盔手执长矛的殉葬士兵长眠在墓道尽头的墓室入口处，守卫在国王身边。国王的两架牛车均

[1] 月神娜娜，苏美尔神话时期的月神，到古巴比伦时期，月神逐渐变成辛。

由三头公牛牵引，公牛的驭绳上配有银质的响铃，每辆车上配置的一名男仆和两名驭手与公牛一起静静地躺在墓道中。殉葬坑中另外还有五十四具尸体，他们散落在殉葬坑里，其中有手执武器的男性和盛装的女子，其中两位女子身旁还各有一把装饰精美的牛头七弦琴。

这是一个陪伴过世国王到冥界生活的完整宫廷团队，他们看似都是自愿赴死，而被震撼到的伍利爵士却将殉葬坑直观地称为“死人坑”。

伍利认定苏美尔人是两河文明的最早创造者，他宣称：

这些出土文物证实了《圣经》中的洪水、诺亚方舟的故事是真实的——我敢断定诺亚的后代就是当时生活在这里的苏美尔人。

伍利爵士的发现具有深远的意义，正是通过他的双手，苏美尔的古老文化被发掘了出来。

被他发现的乌尔城始建于公元前 30 世纪上半叶，这个影响力巨大的城邦国度历经风雨，它的几度兴衰见证了苏美尔文明的兴衰过程。

公元前 4300 年，苏美尔进入铜、石并用的时代，原始的氏族部落开始向奴隶制国家过渡[1]。

苏美尔人在埃利都－欧贝德文化时期掌握了初步的人工灌溉技术，利用两河的洪水泛滥规律从事农业生产，不过畜牧业和渔猎仍然

[1] 这一阶段历经了埃利都－欧贝德文化时期、乌鲁克时期和杰姆代特－奈斯尔时期三个时期。

在经济生活中起着重要作用。这一时期的苏美尔，青铜器开始逐渐取代石器和骨器，工匠们用黏土烧制成造型简单的陶器。埃利都城市遗址中的苏美尔乡亲们依旧居住在用泥土和芦苇混合制成的低矮小屋中，被居民点围绕的泥砖神庙建在不怕洪水的高大台基上，显露出神权对苏美尔原始社会结构的压制，原本平等的氏族社会已经开始分化。

神庙中的黏土或陶质神像多为女性形象，被称为“母神”。这些神像造型很简陋，五官都难以区分。以铜牛为代表的动物形象则显得写实质朴。

在这一时期的坟墓中出土了左手执一根泥制棍棒的男性雕像，他是掌握军事权力的氏族部落首领。棍棒代表了暴力和权力，表明苏美尔人进入了军事民主制[1]时期。

从公元前3500年开始，美索不达米亚文明进入乌鲁克[2]时期。这一时期青铜器已经大行其道，陶轮的发明使得陶器生产更迅速、造型更优美。

随着人口的增加，大的居民点普遍向城市化发展。神庙建造得越来越大，人们越来越重视祭祀，最早的文字符号也于此时出现。

这时的苏美尔人已经逐步告别了单纯的原始时代，在乌鲁克遗址

---

[1] 军事民主制主要指英雄时代部落及部落联盟的组织机构。希腊的荷马时代、罗马的王政时代、古日耳曼人、古西徐亚人（斯基泰人）等都经历过军事民主制。军事民主制是原始社会向阶级社会过渡普遍存在的一种社会制度，原来的氏族民众大会制度演变成为军事民主制，形成军事首长的个人权力。

[2] 乌鲁克（Uruk 或 Erech）是美索不达米亚西南部苏美尔人的古城城名。位于美索不达米亚南部幼发拉底河下游右岸，今伊拉克境内。早在远古时期，苏美尔人在此创建文化，史称乌鲁克文化（约前3400—前3100）。居民制造铜器和陶器，建有巨大的塔形建筑物，并创造图画文字，为后来两河流域楔形文字的萌芽。

出土的石膏瓶浮雕上清晰地表现出阶级对立的场景。

苏美尔人的社会结构与古埃及非常相似，上层是以国王为首的贵族与祭司的联盟[1]；中层是具有自由身份的小农与手工业者；下层是失去土地和自由身份的依附民，在神庙或王室、贵族的土地上劳作，被称为“古鲁什”或“苏不路伽尔”，最底层是奴隶，苏美尔人将男奴称作“尼塔库尔”，意思是“外邦的男人”，女奴被称作“姆鲁斯·库尔”，意思是“外邦的女人”，这说明奴隶的来源主要是战俘和掳掠来的异邦居民。

很多城市居民拥有了护身符式样的印章，它们的戳记用来标记财产所有权——私有制已经广泛被承认，这些印章后来发展成苏美尔文化标志性的滚筒印章。

从公元前3100年开始，美索不达米亚文明进入杰姆代特－奈斯尔时期。这时的文字得到进一步发展，以楔形文字构成的苏美尔语被广泛地使用在各个领域。这一时期的苏美尔神庙建筑有了确定的形制：它们由早期的泥砖平台发展成阶梯形正方形金字塔，因而得名为塔庙。

以乌鲁克城的“白庙”为例，这座城市三分之一的空间被用于修建神庙与公共建筑，白庙就建筑在市中心奉献给天神安努的圣区——一块高出地面十二米的泥砖台地之上。台地内部以泥土夯筑，外砌泥砖，长长的阶梯坡道连通圣洁的神庙和台地下的世俗世界。

[1] 苏美尔城市神庙的泥版中常常提到最高男祭司和国王二合一的“恩”与最高女祭司和女王二合一的“恩·萨尔”这两个词。他们是结合神权与王权的氏族贵族首领，奴隶制已经成为广泛的社会制度。

在白庙高台附近是祭祀战争女神伊南娜[1]的神庙群，这些神庙以高大的双排圆柱支撑的泥砖柱廊连接，柱子和墙壁上有加固用的陶钉，这些陶钉上带有大理石、页岩和石灰岩拼成的彩色图案，构成了世界上最早的马赛克装饰。

考古学家不仅在这里的神庙中发现了世界上最早的书写文献，还意外得知苏美尔人对神庙的维修方式——推倒重建。泥砖神庙最多只能维持两三代人就会崩塌毁坏，苏美尔人无视建造神庙付出的巨大努力，直接拆毁旧神庙，在其基础上兴建新神庙。在乌鲁克的一处神庙遗址中，考古学家挖掘出整整十八层这样的旧遗址，也就是说这座神庙被原地重建过十八次之多。

此时的美索不达米亚南部已经出现了包括埃利都、乌尔、乌鲁克、拉格什、尼普尔、基什、西帕尔在内的十几个奴隶制城邦国家。

从公元前 2900 年开始，美索不达米亚文明彻底结束了原始文化时代，步入苏美尔早期王朝时期。

早期王朝时期的苏美尔城邦之间混战不断，虽然大家有着一样的语言和文化，但在争夺土地、奴隶和霸权时毫不犹豫地彼此征战，大开杀戒。在城邦之间残酷的称霸战争中，美索不达米亚大地上生灵涂炭，各个城邦损失严重，人口急剧锐减。

战争愈演愈烈，基什、乌鲁克等城邦先后称霸。

美索不达米亚地区一共发现了十六份之多的《苏美尔王表》，它

---

[1] 伊南娜（Inanna），又名伊丝塔（Ishtar）、伊什塔尔、安努、南纳，是中东的丰收女神、“天之女主人”（至高神）、战神，也是金星的代表神。

们彼此之间内容都基本相同。这份文献列举了苏美尔历代各王的名字和统治时间，将历史分为“洪水前”和“洪水后”两个时期，前者指史前传说，后者才是历史时期。

按照王表的说法，苏美尔的王权自天而降，然后从一个城市转移到另一个城市。于是记录中能频繁看到“某某城衰落了，王权转移到另外某某城手中”之类的记载。

与春秋时代的诸侯国相似，早期王朝时期的城邦霸主也会以调和其他成员之间的战争冲突来显示自己的权威。例如基什王麦西里姆当上霸主后，作为调停者处理位于幼发拉底河畔的乌玛与位于底格里斯河右岸的拉格什之间的土地争端。财大气粗的麦西里姆就像戴着大金链子一边撸串一边说话的土老板，他告诫两国的君主以和为贵，看着他那副“在这块，谁说话都没我好使”的姿态，乌玛与拉格什识相地表示坚决拥护麦西里姆大哥的意见。

两国彼此确定边界立下界碑，保证互不越界。

乌玛与拉格什两国间的和平维持了一百多年后，手痒的乌玛率先毁约越界入侵拉格什。这时的拉格什国王是一代雄主安纳吐姆，他手握祖辈励精图治积攒的一支强军——大约几千人的军队。

乍看起来苏美尔人之间的战争似乎是农村打群架的规模，但拉格什男女老少加奴隶凑一块也不过是十五万左右，能有几千男性公民服役已经算是一支货真价实的大军了——其他普通城邦一般只能凑出几百人左右的军队。

苏美尔各城邦军队的基本编制为队，每队大概有十人左右。这些队以公民的职业命名和编组，例如安纳吐姆的手下就有农人队、牧人队等，这些公民士兵之中包括战车兵、重装兵及轻装兵。

安纳吐姆依靠这支训练有素的军队打败乌玛的军队后信心大增，紧接着就宣布自己不再受基什的制约——如今我自己做大哥了！

基什一看，臣服了一个世纪的小弟居然“跳反”，立刻和乌玛联军来进攻拉格什。没想到安纳吐姆战斗力极强，不仅消灭了两国联军，还乘胜攻打其他邻居。他在连续征服基什、乌尔、乌鲁克、拉尔萨等城市之后，一跃成为整个美索不达米亚南部的霸主，甚至控制了遥远的东部埃兰山区与南部波斯湾，迫使被征服国向拉格什缴纳贡赋。

这时正值公元前 25 世纪，意气风发的安纳吐姆给自己加上“纳姆·卢伽尔”的尊号，意思就是“苏美尔各邦之霸主”。在他的时代中“卢伽尔”这个原意为“大个子”的苏美尔词汇已经逐渐代替古老的“恩”，成为国王的普遍性头衔。此外，安纳吐姆还鸠占鹊巢地自称“基什之王”，这叫一个扬眉吐气！

从此以后的许多苏美尔君主有样学样，不管自己个头高矮都自称卢伽尔，不管自己有没有实际统治过基什，都自称基什之王。

法国卢浮宫博物馆中有一件拉格什城遗址中出土的“安纳吐姆鹫碑”，这是已经破碎成几块残片的苏美尔浮雕。这块浮雕描绘了安纳吐姆时代的拉格什击败乌玛的战争，有意思的是，碑文上主要讲述的不是安纳吐姆，而是拉格什城的主神宁吉尔苏。

宁吉尔苏神出现在最大残片的正面，他左手紧握一个提手是狮头鹰（宁吉尔苏的动物形态象征）的网兜，其中装满了被俘的敌方士兵；右手拿权杖敲击一个俘虏探出网兜的头颅来阻止这个不老实的越狱者。

卢浮宫博物馆藏，“安纳吐姆鹫碑”残片

卢浮宫博物馆藏，泥版上的早期王朝时期拉格什国王乌尔南什一家

残片的反面借助一栏楔形文字把残片分隔成上、下两部分，上半部分画面中是安纳吐姆在率领士兵冲锋陷阵，拉格什士兵手持盾牌和长矛，脚踩敌尸前进；下半部分画面中是安纳吐姆站在战车上检阅拉格什城中的胜利游行，他的士兵们手持长矛和战斧正在列队行进。

“安纳吐姆鹫碑”形象地展示了苏美尔早期王朝中，神权对王权的决定作用。浮雕中的神灵、国王和士兵的形象尺寸依次递减，体现了城邦统治者领导士兵，同时又臣服于神的等级观念。此外，在浮雕正面强调战胜敌人、俘虏敌军的胜利画面中，露面的是神而不是王，这表达了在早期王朝中，战争胜利的最终原因在于神的参与，所以胜利的荣耀也归神独享。

神灵和神庙在苏美尔社会政治和经济生活中处于重要地位，神庙经济为统治者掌管和占有，但也带有全体自由民共同体经济的成分。例如拉格什的土地分为庙产和私产两种，主神宁吉尔苏和妻子巴贝等神灵各有自己名下的神庙庄园，这些土地直接由恩西[1]及其妻子管理，由奴隶和服劳役的自由民耕种，收获物用于祭祀、对外贸易及支付神庙劳动者的口粮。

在王权被神权压制的情况下，僧侣贵族常常干涉甚至篡夺王权。

一代雄主安纳吐姆差点统一了苏美尔，但是他的后裔逐渐失去了对权力的控制，终于，野心勃勃的大祭司恩涅塔尔吉发动政变自立为王，终结了安纳吐姆一系的王权。

按说恩涅塔尔吉是大祭司出身，那么对自己的前同僚们应当格外

[1] 官职，负责本城征召士兵，并为王室提供军饷和装备。

关照才对，可拉格什的祭司们庆祝自己人登基的欢呼声还没落地，就看见新王的税吏急匆匆冲进了神庙……

恩涅塔尔吉夫妻和他们的儿子卢伽尔安达都是嗜钱如命的贪婪暴虐之人，他们一家最大的爱好就是横征暴敛，平时富得流油的祭司贵族阶层自然在劫难逃，被“自己人”搞得钱财散尽，一蹶不振。

等到卢伽尔安达上位后，这位国王为了满足自己的私欲不择手段到了极致，他直接没收了神庙财产，继续向高级祭司征收贡税不说，甚至连穷人都不放过：拉格什老百姓结个婚要交税，办丧事也要交税。万一国王盯上了你的财产，你就得乖乖以“骨折价”出售给他。正常人家自然逃不了向国王缴纳税赋的责任，那些哭天抹泪的寡妇孤儿们也一样不能免除“光荣”的纳税义务。如果有胆敢欠税不交的刁民，自然有债务奴隶制来收拾他们，别以为陛下从穷鬼身上榨不出油来，当奴隶卖掉不就来钱了么。

就这样，强盛的苏美尔霸主拉格什国内乌烟瘴气，人民怨声载道，从奴隶、农夫到贵族、祭司，每个人都在唾骂自己的国王。

公元前2378年，有个聪明的贵族乌鲁卡基那瞅准时机振臂一呼，带领愤怒的人民冲进王宫“砍了鸟头，夺了鸟位”，自立为新的卢伽尔。

乌鲁卡基那是个胸怀大志的理想主义者，他为了平息民愤缓和矛盾，推行了人类历史上第一场政治改革。卢伽尔安达时期的荒谬政策被拨乱反正：

向祭司征收重税的规定——取消！

被国王霸占的庙产——归还！

债务奴隶制度——停止！

因债务失去自由的奴隶——释放!

强迫百姓廉价出售财产——禁止!

孤寡家庭的税赋——废除!

乌鲁卡基那不光终止了前任暴政，还大力采取措施减轻平民负担、兴修水利恢复农业生产。可惜对于这位有想法有能力的国王来说，大环境已经不给他更多时间了。

就在恩涅塔尔吉和卢伽尔安达父子“瞎折腾”的时间里，苏美尔城邦之间正上演着残酷激烈的大鱼吃小鱼的游戏。在乌鲁卡基那上台后，衰落的拉格什还没来得及彻底复兴，老冤家乌玛就联手乌鲁克一起袭来。

乌玛王卢伽尔扎吉西是个残暴阴险的祭司国王，他击败乌鲁卡基那攻入拉格什城后屠城洗劫，毁灭性地摧毁了这座城市。

卢伽尔扎吉西消灭拉格什后立刻背盟袭击了乌鲁克，他得意扬扬地自称为乌鲁克之王，将这座通过背信弃义手段夺取的城市当作自己的都城。此后，卢伽尔扎吉西发动了统一苏美尔的一系列战争，占领了五十余座城市，建立起从波斯湾一直蔓延到地中海的庞大国度。

虽然手段毒辣，但卢伽尔扎吉西毕竟是个文化人。在一个 1900 年被修复完成的石膏花瓶上留有他拟就的祈祷语句：

愿大地宁静地长满牧草；愿全人类像植物和芳草一样茁壮成长；愿草原上的牛羊增加；愿境内的人民见到一个公正的世界；愿给我好运的众神永不改变其意志；愿我永远是苏美尔人最重要的保护者。

但这位乌鲁克之王的霸权之梦并没做多久，在苏美尔城邦混战之际，北方的闪米特人分支阿卡德人势力兴起。

卢伽尔扎吉西轻率地与阿卡德人的首领萨尔贡一世起了冲突，萨尔贡一世挥军南下将乌尔城化为废墟，又一举击败了前来迎战的卢伽尔扎吉西。在战后建造的阿卡德胜利纪念碑上雕刻着长长的战俘队伍，这些被捆绑的苏美尔人被阿卡德人押送着前去迎接自己的命运。他们中的大部分被杀死在战场上，少数幸运儿沦为奴隶。至于卢伽尔扎吉西的结局，在阿卡德人的一篇铭文中有所记载：

> 这位意气风发的祭司国王被当成奴隶一样套上颈部枷锁带到了尼普尔城，他被拴狗的绳子捆在城门口示众羞辱之后，成为献祭给天气之神恩利勒的血祭牺牲品。

美索不达米亚南部终于得到了统一，但它的主人已经换成了阿卡德人。

随着阿卡德王国的建立，苏美尔早期王朝结束了。

园丁之子

美索不达米亚南部又被称为“巴比伦尼亚”，这块区域又分为南、北两块，其中靠近波斯湾口的地区为苏美尔，苏美尔以北地区为阿卡德，两地居民分别被称为苏美尔人和阿卡德人。

阿卡德人是闪米特人中的一支，在公元前3000年左右，这些游牧民族部落陆续来到两河流域北部定居，居住在苏美尔人以北的平原上。这些闪米特人与苏美尔人长相并不一样，他们肤色较深的长脸上长着鹰钩鼻子，习惯蓄一把黑色的大胡子，他们的身材比苏美尔人高大，而且在习俗上也更加野蛮、善战。

与创造了美索不达米亚文明的苏美尔人相比，这些晚了整整一千年才出现的阿卡德人简直就是些野蛮落后的乡下佬。但是这帮新来的蛮子们生存能力和学习能力都非常强，他们时而与苏美尔人做生意，时而明火执仗抢掠，并且像海绵一样贪婪地吸收着苏美尔人的文化和技术。就拿阿卡德这个名称来说，它来源于阿卡德语，而阿卡德语就是由苏美尔语和闪族语融合后发展出来的。

阿卡德人从苏美尔人那里学会了制造车轮以后，游牧民族的传统使得阿卡德人建立起强大的战车部队，双方的力量对比开始改变。征服了苏美尔人的阿卡德国王萨尔贡一世有着非常传奇的出身：他有阿卡德血统，却在苏美尔的基什城长大。

在阿卡德人与苏美尔人共处数百年之后，这两个民族之间已经有了很大程度的融合，彼此的生活方式也基本相同，当然也有通婚的情况。但萨尔贡一世的情况则更为特殊。在苏美尔－阿卡德的传说中，萨尔贡是阿吉利那尼城中高级女祭司的私生子，由于女祭司发誓终身侍奉神灵，所以他的出生会为母亲带来杀身之祸。一块泥版中以萨尔贡的口吻做出了如下描述：

我母亲是一位大祭司，我不知道父亲是谁。母亲怀了我，偷偷将我生下。她在向众神祈祷后将我放入灯芯草编织的篮子里，用沥青封盖并抛入幼发拉底河中，但河水并未淹没我……

除了这份传奇性的自述之外，还另有考古学家推测出的一种萨尔贡出身故事：

他是出生于基什城的阿卡德人私生子，地位低下的母亲生下他后就将其遗弃在河边。

无论如何，萨尔贡其后的人生轨迹是明确的——他被一个到河边打水的园丁发现并收养，后来凭借自己的才华成为基什国王阿扎尔巴巴的“端杯人”——这个头衔并不是说这位园丁之子后来成为皇家服务员，而代表着国王亲信大臣的意思。端杯人这个职务是负责国王日常的起居饮食和处理宫廷大事的高级领导干部，这一点与古埃及王室中的官员名称非常类似。例如，古埃及的国家领导班子成员头衔有王冠首饰的保管者（负责保管王室机密信息）、国王出席活动的邀请信签发者（负责管理国王言论机密）、国王服装主管（负责管理服务王室的手艺人）等等，除此之外，芳香油和软膏洗液的主管、国王假发的保管者和侍寝官等也都是身世显赫的高级官员。

萨尔贡是个才能出众的阿卡德人，他以低贱的出身登上高位，不仅令苏美尔民众服气，得基什国王赏识，还得到了阿卡德地区的一块封地。萨尔贡利用自己侍立国王身边的机会学习政治手腕和经营能力，他重建了阿加德城并以此为据点招揽效忠于自己的阿卡德人，在数十年时间里逐步营造出一个基什领地内的国中之国，继而一步步反客为主控制了基什。

当乌玛王卢伽尔扎吉西率军横扫苏美尔的时候，基什国王阿扎尔巴巴并没有怎么当回事。在卢伽尔扎吉西逼近基什的时候，阿扎尔巴巴自信满满地率军出征，把国内事务交给自己忠诚的萨尔贡处理。

基什是苏美尔北部地区的传统强国，国民和国王的心气儿都挺高，认为自己绝对不会打不赢入侵者。没想到阿扎尔巴巴陛下非但没有“国王出马一个顶俩”，反而一战而溃，做了俘虏。

卢伽尔扎吉西寻求的是一个城邦联盟之主的地位，于是向自己的阶下囚晓以大义：只要你及时归顺的话，之前的不愉快就是毛毛雨啦……阿扎尔巴巴一听投降不仅能保命还能保地位和富贵，顿时把自尊丢到九霄云外，俯首称臣了。

消息传回基什，满城百姓都怒了：敢情这么多年来统治我们的就是这么个孬种么？

这时候萨尔贡先生满脸沉痛地向基什公民们宣告说：“显然我们

苏美尔神话中的爱情与战争女神伊南娜神像

中出了一个叛徒——那就是国王阿扎尔巴巴！而伊南娜女神已经在我的梦里降下神谕：她说我将取代阿扎尔巴巴登上王位！”

看着基什人一脸惊愕的神情，萨尔贡镇定自若地侃侃而谈：就在一天夜里，伟大的女神伊南娜降临在我的梦中，亲口说阿扎尔巴巴不是真正的国王，你将成为基什之王！但是不知怎么搞得，阿扎尔巴巴居然也知道了这个梦。于是他几次三番地试图害死我，幸亏在伊南娜女神的帮助下我化险为夷。直到最后，阿扎尔巴巴居然派我给基什的死敌卢伽尔扎吉西送信，信里面说要卢伽尔扎吉西见到信后把信使杀掉！当然，同样由于伊南娜女神的帮助，这卑鄙的阴谋再度失败了！现在阿扎尔巴巴国王的卖国行为已经彻底暴露，你们说该怎么办？

基什公民们被萨尔贡的一番话说得晕头转向，在这紧要关头他们顾不得理性地分析一下为何阿扎尔巴巴在出征前会委托自己一心要弄死的萨尔贡监国这个问题。总之既然有伊南娜女神作保，那么不如推举萨尔贡做国王试试看，兴许能扭转败局呢？

就这样，端了几十年杯子的园丁之子萨尔贡坐上了基什的王位，从此他便自称为“基什之王”和“阿卡德之王”。

乌玛王卢伽尔扎吉西本以为基什已经被自己收入囊中，所以掉过头去专心消灭始终不肯屈服的拉格什，当他听说萨尔贡夺取王位的消息后，强忍着怒意派遣使者要求得到萨尔贡的效忠。这个要求自然被萨尔贡强硬拒绝，于是卢伽尔扎吉西率领被自己征服的大小五十个城邦的联军再度北上进攻不识抬举的阿卡德人。

卢伽尔扎吉西对自己的胜利确信无疑，因为他的军队有两万人，而基什的军队之前已被消灭，萨尔贡只能凭借他的五千四百名阿卡德战士。当苏美尔人遭到阿卡德人的突袭式进攻时，卢伽尔扎吉西才震惊地发现对手拥有一支训练有素的轻骑兵，他们居然使用苏美尔人用来狩猎的弓箭作战，甚至连阿卡德人汹涌而来的双轮战车上也喷吐着雨点般的飞箭，而苏美尔人传统上以大盾和长矛组合的装备在这种远程武器攻击面前只能一边倒地挨打。

这场决战的结局已经在上一节讲过——阿卡德人的战车碾碎了乌玛王的霸主之梦……

此战过后，萨尔贡开始了他东征西讨的戎马生涯。他先后讨平了美索不达米亚南北地区，又向小亚细亚和地中海东岸地带进军。当眼前世界都被征服之后，他自诩为“宇宙四方之王”来夸耀自己的显赫功绩，并在波斯湾岸边命令士兵用海水洗刷武器来表明控制权。萨尔贡所创立的这种称号和这种仪式日后被西亚世界的君王多次采用，几乎所有雄才伟略或自视为雄才伟略的统治者都对他的做法进行效仿。

经过军事上的胜利之后，萨尔贡建立起一个中央集权的专制统治体系。他将阿卡德王国分为数个行政区，以被征服地区的旧贵族和部落首领为行政区长官来笼络人心——当然阿卡德驻军总督会在地方官身边监视着他们。

为了弥合北部阿卡德人与南部苏美尔人之间在语言、文化和宗教习俗上的差异，萨尔贡下令在全国推行吸收了苏美尔语的阿卡德语，但仍然使用苏美尔的楔形文字作为书面语言。这一点在日后坑惨了考古学家，因为使用苏美尔文字来表达的阿卡德语就像用中文来书写的日语一样，让破译者难以弄清该以哪种语言来解读泥版上的文字，毕竟同样的楔形文字在苏美尔语和阿卡德语中有时代表着截然不同的意义。

萨尔贡陛下，你的语言文字统一措施“大大的”坑爹啊！

除了语言的融合之外，阿卡德王国全面继承了苏美尔的天文历法、文学、农田水利建设和行政管理方法等各方面的内容。在这其中最重要的是宗教和习俗的融合——萨尔贡下令将阿卡德神话中的天空和太阳之神安与苏美尔神话中的月神娜娜的神庙建在一起，并且由同一个大祭司来侍奉这两位被凑成一对的夫妻神，这个职务由陛下的亲生闺女恩赫杜阿娜担任。从此，阿卡德人和苏美尔人的融合不会再走回头路。

除了继承之外还有建设，萨尔贡亲自下令统一了苏美尔各城邦混乱的度量衡系统，规定了以十进制为基础的数字计算方式，他将苏美尔文献记录中以地方官名年改为以此年大事名年，修缮并新建了两河流域的水利系统，他派出的商队一直抵达印度河流域……

阿卡德人彻底摒弃了古老的游牧生活方式，他们接受苏美尔的文化，将自己与苏美尔人融为一体，或者说是被拥有先进文化的苏美尔民族所同化。这种同化并非一蹴而就，萨尔贡对苏美尔－阿卡德地区的统治依然建立在武力压制之上。

尽管萨尔贡为自己加上了“苍天之神安努选定的祭司”“恩利赫伟大的统治者”这些符合苏美尔古老传统的尊号，尽管侍奉安与娜娜的恩赫杜阿娜拥有纯正的苏美尔式名字并能使用纯粹的苏美尔语言撰写并吟唱圣歌，但被异族统治的苏美尔人仍旧心怀怨恨。阿卡德王国的统治基础并不牢固，那些苏美尔地方官们依旧怀念自己身为城邦之王的岁月，叛乱的阴影笼罩着强大的阿卡德王国。

按照《苏美尔王表》记载，萨尔贡统治了美索不达米亚五十余年。在他统治后期各地叛乱蜂起，反叛者曾一度把首都阿加德城包围，逼

卢浮宫博物馆藏，“纳拉姆辛凯旋碑”

得萨尔贡在古稀之年还得率军镇压。

萨尔贡之后，阿卡德王国依旧处于动荡之中。

公元前 2292 年，萨尔贡之孙纳拉姆辛登上王位。这位君王在文治方面缺乏建树，武功则足以与祖父媲美。在他三十六年的统治期间内，基本上都在美索不达米亚各地作战。

在为这位君王歌功颂德的“纳拉姆辛凯旋碑”上，纳拉姆辛头戴苏美尔神话中只有神灵才戴的角盔，脚下踩着被自己杀死的敌军尸体摆姿势。这位国王与自己谨慎的祖父不同，萨尔贡自称为被神灵选择的祭司，到纳拉姆辛这里已经变成了“我自己就是神”——纳拉姆辛给自己选择的称号是“纳拉姆辛大神，伟大的人，阿卡德之神，宇宙四方之王”。

在阿卡德王国灭亡数百年后撰写的泥版书《阿加德的诅咒》中记载了当纳拉姆辛镇压尼普尔城的叛乱时，对于煽动叛乱的天气之神恩利勒神庙祭司们残酷的惩罚。这位阿卡德之神认为既然都是神族自己人，那么彼此也不用客气什么，于是便令士兵捣毁了恩利勒神庙的圣区埃库尔。为了显示自己的特立独行，纳拉姆辛专门吩咐在“禁伐树木之门”砍伐树枝，并拆毁了“和平之门”，将神庙抢掠一空后运回首都阿加德城。

于是被气疯了的恩利勒立刻进行报复——他从美索不达米亚附近的高山上释放出“一个无法无天的民族”，这些可怕的蛮族“像蝗虫一样遍布大地”。阿卡德王国陷入战乱和饥荒之中，由于盗匪横行使得“信使无法赶路，航海者无法行船”。

既然恩利勒都做出表率了，苏美尔诸神也都纷纷站出来力挺“大领导”。一大群级别较低的神灵们组团诅咒阿加德王国：“阿加德，你竟敢袭击埃库尔，你竟敢蔑视恩利勒！愿你的树林堆积满尘土，愿你屠宰自己的孩子顶替要宰割的牛羊，愿你的穷人被迫淹死！阿加德，你那欢乐中建起的宫殿摇摇欲坠，即将化为令人沮丧的废墟！”

诸神的诅咒应验了，阿加德城终于在战火中化为一片废墟。

神话史诗中的故事揭示出阿加德霸权崩溃的直接原因——外来蛮族入侵。美索不达米亚虽然是史前伊甸园福地，但从战略角度来看，这个广阔平原四周几乎没有天然屏障防护，居住在这种地形上的土著难以抵御强敌入侵。从史前时代开始直到中世纪，美索不达米亚周边的各民族就像洪水一般不断涌向这块水草丰美的谷地，从而造成一个个文明的兴起和衰亡。

纳拉姆辛是阿卡德王国最后一位霸主，却并非末代君王。他被称为“被泥版文书杀死的人”，这个称号到底是指纳拉姆辛死于书吏刺杀还是指他的名誉被史书毁掉尚有争论。纳拉姆辛的儿子沙尔卡利沙利继续统治了二十五年，在此期间，阿卡德王国的疆域大幅缩水：苏美尔人不断发动叛乱，外来的闪米特游牧民族古提人和阿摩利人反复入侵。

在内外打击之下，沙尔卡利沙利苦撑到公元前2193年去世为止。自他去世之后，阿卡德王国陷入分裂战乱之中，《苏美尔王表》中悲叹道：“如今谁是国王，谁又不是国王？”

又过了两年，阿卡德王国被古提人灭亡。阿加德城被彻底摧毁，直到今天都没有找到它的遗迹。

古提人是美索不达米亚历史上的匆匆过客，他们建立的野蛮统治大约持续了一个世纪之后就从历史上消失了。

大约在公元前 2120 年，苏美尔文明开始复兴，苏美尔人逐渐摆脱了古提人的统治。

在公元前 2113 年，乌尔纳姆以乌尔城为首都建立起乌尔第三王朝，进而统一了两河流域，自称“苏美尔和阿卡德之王”。

短暂的复兴

古提人摧毁阿卡德王国之后，可算是为被严密控制的苏美尔城邦松了绑，苏美尔人趁机休养生息，逐渐恢复了实力。

卢浮宫博物馆藏，慈眉善目的拉格什王古提亚雕像

公元前 22 世纪，拉格什、乌鲁克和乌尔都重新兴盛起来，他们不约而同地采取以大量金银珠宝贿赂古提统治者的方式取得自治地位，从而形成了苏美尔城邦三强鼎力的局面。

公元前 2120 年，渔夫出身的乌鲁克人乌图赫加尔起兵自立为乌鲁克王。乌图赫加尔组织苏美尔联盟击败了古提人，俘获了古提人的末代国王。战败后的古提人退入山林居住，苏美尔地区得到了解放。

共同的敌人消失后，宿命般的老问题便再度

一块印有乌尔纳姆名字的乌尔第三王朝时期泥版

出现了：谁将称霸苏美尔呢？

乌鲁克王乌图赫加尔战功显赫声望卓著，但他的突然死亡结束了乌鲁克称霸的进程。拉格什王古提亚慈眉善目彬彬有礼，他复兴了苏美尔传统文化，兴建神庙、发展水利、促进贸易，使得拉格什城隐隐出现称霸的苗头，但乌尔城的乌尔纳姆却成为最后的胜利者。

乌尔纳姆出身于乌图赫加尔麾下，当乌鲁克军队占领乌尔后他被任命为乌尔城的统治者。泥版史书中记载他的文治功绩：制作礼法，恢复秩序。他制定了世界上第一部成文法典《乌尔纳姆法典》，将“乌尔从偷盗、抢劫和暴乱中解放出来”，并在各地建立神庙以信仰号召苏美尔人效忠自己。当他逐步控制了苏美尔地区的主要城市之后，便依照旧例自称为“苏美尔和阿卡德之王”。

乌尔纳姆改变了苏美尔传统上松散的联邦制度，确立并加强中央集权，将军事、政治、司法大权全部独揽于一身。他按旧城邦划分出四十个行省，亲自委派城邦首领“恩”进行管理。但这些所谓的恩们毫无昔日城邦之王的特权，实际上只是效忠于国王的地方官罢了。乌尔纳姆还将贵族议会和人民大会转变为为国王个人服务的私有机构，苏美尔城邦公民传统上的政治话语权被剥夺，王权变得难以撼动了。

乌尔纳姆死于征服苏美尔的战争中，他的儿子苏尔吉即位成为乌尔第三王朝在位时间最长、最长寿的一位君王。

苏尔吉近五十年的统治可分为两个阶段，前半程是治理国内政务，重整政治和经济秩序积蓄国力的阶段，他像萨尔贡一样兴建神庙并任命效忠于自己的祭司来控制神权，统一历法和度量衡来加强国内经济、文化发展；从在位第二十四年开始，苏尔吉转向美索不达米亚的统一进程，他采用战争和外交并举的灵活手腕，以征服加和亲的手段控制了整个美索不达米亚，并且将自己的影响力延伸到伊朗高原和小亚细亚等远方。在苏尔吉治下的乌尔第三王朝恢复了昔日强大的阿卡德王国旧疆域，于是他便自称为“宇宙四方之王”，下令为自己建造神像和神庙，苏美尔人奉命要对神灵国王跪拜行礼。

当苏尔吉晚年时，野蛮强横的胡锐安人开始从叙利亚入侵苏美尔地区。这些令人头疼的敌人就是《圣经·旧约》中所提到的贺锐特斯人，他们在语言上与苏美尔语或阿卡德语毫无联系，他们野心勃勃地试图建立与古埃及平起平坐的大国地位，而这个目的似乎要以征服苏美尔来实现。

苏尔吉与胡锐安人的战争一直持续到他去世为止，他的继承人阿玛尔辛和苏辛与胡锐安人依旧冲突不断。就在这时候，居住在阿拉伯沙漠地区的阿摩利人异军突起，开始大举入侵苏美尔。

阿摩利人是闪族的一支，此前曾与古提人一起骚扰过阿卡德王国。但这次阿摩利人并非简单的入寇骚扰，他们的故乡叙利亚沙漠地区正陷于干旱酿成的大饥荒中，无数为了活命的部落绝望地离开故土，赶着驴子和羊群涌向乌尔第三王朝的边境线。

阿玛尔辛和苏辛这对父子竭尽全力试图建立防御阿摩利人的防线，但他们的敌人悍不畏死地撕碎了苏美尔人的防御。阿摩利人越战越勇，苏美尔人不得不面对领土逐渐易主的现实。随着人口的大量丧失，乌尔第三王朝被迫将阿卡德人和阿摩利人招揽为士兵甚至是将军，因为他们已经没有能够驱使的军队了……

在末代国王伊什比辛即位后，各地地方官叛乱自立成风，再加上外敌入侵，可谓内忧外患。乌尔本土的田地因为战乱而荒芜，人民死伤逃亡殆尽，昔日的属地也不再奉献贡品，搞得乌尔城中粮草断绝。

伊什比辛派遣伊什比埃拉将军出城筹粮，早有异心的伊什比埃拉趁机带领军队占领尼普尔和伊辛宣布独立，开创了绵延两个世纪的伊辛王朝。

至此，乌尔第三王朝已到了山穷水尽的末路。

公元前 2006 年，来自美索不达米亚东部的埃兰人攻占乌尔城。伊什比辛被侵略者俘虏后带走，整座城市被夷为平地。

乌尔第三王朝的覆灭标志着苏美尔人的历史就此结束了，绵延两千余年的苏美尔文明退出历史舞台。苏美尔人虽然消失并被人遗忘，但他们所开创的灿烂文明却传承了下来。随后登上历史舞台的闪族人继承了苏美尔的文明成果，建立了两个巴比伦王国和亚述王国，将美索不达米亚文明继续推向高峰。

第二节

巴比伦时代

在苏美尔人的王朝灭亡之后，美索不达米亚南部在一片混乱中挣扎了许久。阿卡德人、阿摩利人、埃兰人去了又来来了又去，泥砖城头上不断变幻大王旗。

公元前 1894 年，又有一伙出身闪族的阿摩利人在幼发拉底河下游岸边的小镇上开山立派建立国家。

在苏美尔人留下的楔形文字中，充斥着对阿摩利人的仇视性描述。在乌尔发现的铭文上这样形容阿摩利人：

这是一个破坏成性的民族，他们拥有野兽的本能，这是一帮不知谷物为何物的野蛮人。

在苏美尔人的社会文化中谷物代表着文明，“不识谷物”的定义是一种极大的蔑视和侮辱——基本上是在宣布对方不算人类而是野兽。除了这一点之外，苏美尔人在史诗中还记载了阿摩利人初来乍到时的种种不堪模样：

他们吃生肉，在旷野里席地幕天而居，同伴死亡后居然都不进行安葬。

阿摩利人对烧杀抢掠之类的野蛮行径样样精通，他们是苏美尔人灵魂深处的梦魇。

公元前 21 世纪，乌尔第三王朝曾展开一个宏伟的“苏美尔长城”工程，它是一道从幼发拉底河畔延伸到底格里斯河畔的长墙，这道绵延八十公里的防线由一系列泥砖堡垒和防御工事组成，号称“阿摩利人的抵御者”。然而，名字起得再好也不能阻止这道长城被阿摩利人跨越，这些来势汹汹的入侵者在摧毁苏美尔人家园的同时也接受了对方的文化，他们在长期的接触中逐渐摆脱了野蛮风格，被先进的苏美尔文化所同化。最终阿摩利人就像当年的阿卡德人一样成为苏美尔文化的继承者，他们也将建立起像阿卡德王国一样延续美索不达米亚文明的伟大国度。这一切都始于幼发拉底河畔小镇上的一个新生阿摩利小国，阿姆纳努姆部落的首领苏谟布姆自立为王之后以小镇名为国名，这个国家便叫作巴比伦——它的意思是“神之门”。

古巴比伦的统一

在古巴比伦诞生的时代，阿摩利人早已不是“不识谷物”的沙漠蛮族，他们可以自豪地向整个世界宣布：“俺是耕田的！”

卢浮宫博物馆藏，公元
前18世纪的汉穆拉比闪
长岩石像

卢浮宫博物馆藏，《汉穆
拉比法典》石碑复制品

虽然已经全盘接受了苏美尔文化，但巴比伦并没有表现出能在美索不达米亚混乱局面中脱颖而出的天赋，苏谟布姆不过是个勉强摆脱伊辛王朝控制的小军阀而已。

当古巴比伦出现时，美索不达米亚正处于阿卡德人的伊辛王朝与阿摩利人的拉撒王朝争夺霸权的时期，以至于后世将这一时期称之为“伊辛－拉撒”时代。小小的古巴比伦就像是在两头大象脚下奔逃的老鼠，两河流域世界中的局势正如古巴比伦人所形容的那样：“脆弱的巴比伦王座架设在火山之间，岩浆烤灼着宝座。周围不断喷发的火山地动山摇，让王座如汪洋中的小船飘飘摇摇，随时都可能有灭顶之灾……”

好在古巴比伦顽强地生存了下来，凭借着地处两河流域商路枢纽的交通条件和境内水源丰富土地肥沃的自然条件，这个王国在一百年间不断积累国力。

公元前 1792 年，以著名的《汉穆拉比法典》而闻名于世的第六代国王汉穆拉比登上王位。在这位国王的时代中境内人口分为三级：有公民权和财产权的“阿维鲁穆”、无公民权有财产权的“穆什钦奴”和基本上什么都没有的奴隶。

阿维鲁穆中包含了国王、贵族、僧侣、商人、高利贷者、自耕农和手工业者，穆什钦奴则指那些依赖于王室经济并为王室服务的人。王室拥有的财产众多，苏美尔地区的王室土地、畜群和手工业作坊都是国王的财产，此外遍布全国各地的神庙财产也由他支配。

古巴比伦时代的土地所有制分为王室地产和公社地产两种，王室地产不再像苏美尔时代那样集中耕种，而是分为大小不等的份地分配给为王室服务的各类人,其中主要是负责向国王缴纳地租的“纳贡人”。“纳贡人”从王室领得份地、种子、耕畜和农具后自行经营，他们不得出卖或抵押份地，但可以世袭占有。

王室土地之外的乡村公社中社会分化已很激烈，农民的份地可以买卖、抵押、转让和继承，继承时长子可以得到双份额度的土地。公社土地的所有者如果连续三年不向国库缴纳实物租税或是拒绝服劳役和兵役的话，就要被没收土地。绝户、逃亡户的份地也照此处理。

奴隶制私有经济的繁荣导致大量的民间纠纷产生，据说汉穆拉比被无数官司搞得烦不胜烦，才会下令制定法典约束社会秩序的。他在法典序言部分如此解释自己的思路：

我是敬畏神灵的荣耀君主汉穆拉比，为了发扬正义于世，灭除不法邪恶之人，使强者不凌弱，使正义的光辉照耀世界，所以颁布了这份法典。

仔细看看这份法典的内容就会发现它的两大基本原则——“以眼还眼，以牙还牙”（同态复仇）和“让买方小心提防”。第一个好理解，第二个则令人困惑——为什么汉穆拉比陛下公然宣布在古巴比伦境内奸商骗子不会受到惩处呢?

这是因为自苏美尔时代开始的美索不达米亚法律的核心目的是以制止争斗的手段来维护社会秩序，尤其杜绝按“闹”分配的现象。在他们的思维模式中，施暴者、诬告者和伪证者如果知道自己会遭到同样的处罚也许会不再施暴，买方如果知道自己没有任何权利也会在吃亏上当时自认倒霉。

依靠这部法典，汉穆拉比时代的古巴比伦成为统治严密秩序井然的国家，在此基础上建立起一个高度中央集权的政治制度、一套完善的官僚体系和一支优良的常备军。

汉穆拉比派总督管理较大的地区，依靠行政长官管理城市和较小的地区，这些官员任期往往只有一年，所以来不及形成割据势力。汉穆拉比将神庙祭司的任命权和司法权都收归国王掌握，国王也是首席大祭司，有学者认为，他开创了最早的政教合一的国家形态。汉穆拉比将王室土地分配给士兵，从而获得了军队的拥戴，巩固了政权。

坐稳王座的汉穆拉比下令统一各地税收政策以掌握财权，他把钱用到刀刃上——开凿了沟通基什与波斯湾之间的运河，使沿途大片荒地成为千里沃野。古巴比伦人常说一句口头禅：

难道你不知道土地就是国家的生命么？

为了保护农田和林地，汉穆拉比制定了最早的农业畜力保护法规和林业保护制度。在他的细心呵护下，古巴比伦的农业发展带动了手工业和商业的发展，整个国家的国力蒸蒸日上。

就这样，汉穆拉比打造出一个美索不达米亚最大的政治、经济、文化中心。他大肆修建神庙，宣布自己是苍天之神安努的孩子，接受神的旨意来掌管人间。

汉穆拉比曾在写给盟友马里国王济姆里利姆的泥版信中谦虚地

说自己“将精力放在修建神庙和城墙上面，相当平静地统治了三十年”，言下之意似乎是说自己在长达整整三十年的时间里一直安静地待在巴比伦城中治理国家，听起来，古巴比伦像是个战乱中的世外桃源。

但在马里大臣们写给济姆里利姆的信中却指出，汉穆拉比绝非善类：

他一上台实行过短暂的休养生息政策，继位第六年便与拉撒合作降服了以阿卡德人为主的伊辛王朝，沿幼发拉底河直抵乌鲁克城；第七年和第九年他将底格里斯河与扎格罗斯山脉间的地区收入囊中；第十年他攻克了位于阿卡德地区最北端的西帕尔城。只有当这一切征伐耗尽了古巴比伦国力之后，汉穆拉比才重返长达二十年之久的休养生息政策。

马里大臣们的眼光确实犀利，但汉穆拉比在自己的休养生息阶段也的确收敛了锋芒。他在这段和平岁月中竭力与美索不达米亚的强国拉撒、亚述和马里等维持友好关系，当他的统治到了第二十九年时，羽翼丰满的古巴比伦再度露出獠牙。

公元前 1764 年，汉穆拉比击败了埃兰和亚述。

第二年，他在写给济姆里利姆的信中，抱怨自己与反复无常的阿摩利人同族——拉撒王利姆辛感情破裂的经过：

当野蛮的埃兰人威胁到古巴比伦和拉撒时，我与利姆辛签订同盟条约共同御敌。我遵守诺言帮助他守护伊西努那城，但当埃兰人转而攻击我的欧庇斯城时他却装聋作哑！在我抵御埃兰人的时候，拉撒的军队趁机劫掠我的城市将居民抓去做奴隶。现在从属于我的基什王也面临着利姆辛的入侵，他写信给我说由二百七十条船组成的拉撒船队正沿着水路逼近基什城……

济姆里利姆同情自己的朋友，他非常理解汉穆拉比的愤慨，并出人出力协助古巴比伦消灭了拉撒王朝——这位马里王却没有想过似乎当初利姆辛也是这么帮助汉穆拉比消灭伊辛王朝的。

公元前 1761 年，济姆里利姆惊讶地发现一支强大的军队拥入了自己的国境：有的士兵挥舞着战斧，有的士兵举着长矛，他们使用镶嵌金属加固的皮盾保护自己，腰间还悬挂着青铜匕首和短矛。

毫无疑问，这是马里的挚友古巴比伦的军队。

济姆里利姆仓促间的抵抗被粉碎，他被迫在泥版上签订了一份屈辱的投降协议，汉穆拉比为了不伤害朋友的感情，专门将其称为“友好条约”。为了便于管理新征服的土地，汉穆拉比还细心地接收了朋友的王室图书馆里的全部档案泥版。

悔恨交加的济姆里利姆并不甘心做一个顺从的傀儡，他暗中积蓄力量，试图驱逐汉穆拉比的军队。于是在两年之后的公元前 1759 年，汉穆拉比撕毁了那份“友好条约”，古巴比伦的大军荡平了拥有圆形双层城墙保护的马里城和济姆里利姆的王宫。

马里城被摧毁得如此彻底，以至于从此数千年中都无人来到它的废墟打扰。这一战奠定了汉穆拉比的绝对威望，在他有生之年再也没有哪个不长眼的国度敢挑战古巴比伦的霸权。

囊括整个美索不达米亚平原南部的“巴比伦尼亚”这个地理概念正是经过汉穆拉比的统一后形成的，与此同时，美索不达米亚北部则被亚述统一。

公元前 1755 年，美索不达米亚北部的亚述向汉穆拉比投降，古巴比伦帝国彻底控制了美索不达米亚，原本只是地方神灵的巴比伦守护神马杜克也升格为诸神之王，被称为世界和人类的创造者。

在汉穆拉比的统治下，古巴比伦王国达到鼎盛，成为最强大的国家。他终于放心地收剑入鞘，开始为自己的文治武功而得意，自称为“苏美尔－阿卡德之王”“巴比伦之王”“巴比伦的太阳”，当然，他也没忘记按照萨尔贡传下的老规矩，加上传统的“宇宙四方之王”头衔。

古巴比伦霸业已成，工匠们忙着在帝国领地内为汉穆拉比陛下建造雕像，在歌颂这位伟大领袖的铭文上一般都会写着这么几段话：

我是天神之子汉穆拉比，我是上天的化身，我是巴比伦的太阳，把光明洒向苏美尔和阿卡德的土地，我是使四海臣服的宇宙四方之王！

古巴比伦的统治中心就是巴比伦城，在接下去的两千年中，它的主人反复更迭，但始终处于两河流域的权力中心位置。正如一块泥版上的描述：

国王们觊觎它，香客们不辞辛苦地奔赴它的怀抱，而先知们则诅咒它是一切罪恶的源头……

两千七百余年前，安居在巴比伦城中的汉穆拉比心满意足，他不再需要发动战争征讨四方，而是忙于证明自己这个神之子是足够仁慈和睿智的人间之王。汉穆拉比事无巨细地关注着古巴比伦王国的内政外交细节，他在内心深处从不相信别人，任何事情都恨不得自己亲力亲为。也正是出于对官员能力的不信任，汉穆拉比让人民拥有向国王请愿的权利。在发掘出的一百五十余封汉穆拉比的私人信件中，充斥着这位国王训诫手下官僚的语句：

你不应该强征不情愿的人成为士兵。

立刻满足那些愤怒百姓的要求，别再让他们来到我面前申诉……

从这些信件中可以看出汉穆拉比关注着自己每一位大臣的一举一动：他任命辛伊迪那姆负责军队后勤供应，随即便派出使者核查供应军营的牛群数量以防贪污。辛伊迪那姆试图征兵以补充军队数量，不愿当兵的人们来到国王面前请愿，汉穆拉比阻止了征兵行动。还有一位总督夏马西卡其尔引起治下居民不满和抗议，这位无能官吏立即收到来自国王亲笔书写的训斥信件。

公元前 1749 年，一代英主汉穆拉比逝世。他的儿子萨姆苏伊鲁纳继位后立刻惊恐地发现自己的人民只将已故的父亲视为神灵，而自己并没有得到同样的敬畏和爱戴。尽管这位古巴比伦的第七任国王竭尽全力，但王国依旧陷入动荡和衰落的下降轨道之中。

公元前 1595 年，赫梯国王穆尔西里一世挥军南下直捣巴比伦城，古巴比伦灭亡了。

赫梯人灭掉巴比伦王国后，却掀起了宫廷内讧，这下可便宜了从札格罗斯山脉中部迁徙而来的加喜特人。看着赫梯人居然放弃巴比伦城退军，加喜特人拍着大腿庆幸不已：这回可捞着了啊！

这帮乘虚而入的外来客趁机在巴比伦城建立了加喜特王朝，史称“巴比伦第三王朝”。加喜特人继承了古巴比伦的文化传统，使用古巴比伦的文字，信奉古巴比伦的神灵，使古巴比伦文化得到了延续，也争取到古巴比伦的民心。

在整个巴比伦第三王朝统治时期，美索不达米亚都处于一种平和自由的风气之中。原苏美尔和阿卡德地区的城市接受了新来的统治者，而内部的稳定也让加喜特人控制住了亚述，并且征服了东南部的埃兰和苏萨地区，从而令巴比伦第三王朝成为美索不达米亚的霸主。

巴比伦第三王朝与埃及新王国、赫梯王国并列为近东地区的三大强国，他们努力与另外两大强邻保持良好的外交关系，从而让这一时期的巴比伦处于长期稳定的发展阶段。到了公元前1415年，加喜特王卡拉因达什已经以“一字并肩王”的平等身份与古埃及法老互派使者进行书信往来了。公元前1390年，加喜特新王库尔卡尔祖为了兴建新都城“杜尔-库尔卡尔祖”，将巴比伦的骏马和战车源源不断地送到埃及换回黄金，这笔生意带来的收益不仅满足了新首都的建设费用，还有盈余用来重建了乌尔、埃利都、乌鲁克等苏美尔传统古城。

库尔卡尔祖之后的加喜特王与埃及法老均保持友好关系，他们彼此之间结为姻亲，在国书中称兄道弟，俨然亲如一家。这种被称为阿玛尔纳时代的和平时代持续到埃及法老埃赫那吞去世为止，继任的少年法老图坦卡蒙由于被大臣操纵，被巴比伦第三王朝视为软弱的傀儡。图坦卡蒙当政时的先后两任加喜特王卡达什曼恩利和布尔纳布里阿什均在书信中表达出傲慢无礼的态度，令图坦卡蒙十分气愤，两国关系随之迅速冷淡下来。

在此期间，蛰伏多时的亚述趁着胡里安人建立的米坦尼王国灭亡而重新获得了自由。亚述王阿苏尔乌巴里特一边不断侵蚀加喜特人的地盘，一边不断向埃及示好。埃及人想，既然加喜特人这么不上道，那干脆和亚述人一起合作得了——这下倒霉的巴比伦第三王朝陷入被亚述和埃及两面进攻的境地，尽管它又苦苦支撑了两百余年，但其政权一直处于内外交困风雨飘摇之中。

终于，在公元前 1155 年，来自美索不达米亚东部的埃兰人卷土重来。这些野蛮入侵者如同祖先毁灭乌尔第三王朝那样摧毁了加喜特王朝，俘虏了末代国王。

此后数百年间，巴比伦的土地上一直处于分裂和混乱之中。

伊辛第二王朝、海国第二王朝、巴兰王朝和阿拉美亚王朝等小霸主先后兴起，但从未达到古巴比伦的成就。

在此期间，亚述人始终对巴比伦尼亚保持着压力，两河流域处于一种暴风雨来临前的紧张气氛之中。到了公元前 729 年，亚述人终于征服了整个美索不达米亚。

亚述的狮穴

早在苏美尔人在美索不达米亚南部营造自己的“田园牧歌”式生活时，黑肤色、长脸浓须、鹰钩鼻的亚述人就已经在美索不达米亚北部出现了。亚述的地理条件比南方的邻居更为优越，他们发源于今天的伊拉克北部底格里斯河与幼发拉底河分离的地方，这块土地从不缺乏石材、森林和水资源。河流两岸遍布田地和果园，就连附近起伏的山坡上也布满了泉眼。

与习惯于生活在城市里的南方邻居不同，亚述人基本上生活在村庄里，种地耕作，他们只有在纳税的时候才会与亚述尔、尼尼微和厄比尔等大城市发生联系。亚述农夫耕种大麦、小麦和粟米，菜园子里出产小扁豆、鹰嘴豆、黄瓜、石榴、橄榄、葡萄和无花果，他们不种植椰枣树，所以椰枣需要从巴比伦尼亚进口。亚述人饲养牛羊，散养猪——亚述人对待猪的态度与巴比伦尼亚的居民一样，将这些哼哼唧唧的食腐动物视为城镇垃圾处理系统的关键一环。亚述人本来吃猪肉，但在公元前 1400 年开始因为猪旋毛虫病引发瘟疫而放弃了猪肉。

亚述的土地好是好，却因此引得周边地区种族动了觊觎之心。自古以来，来自东部扎格罗斯山脉、西部幼发拉底河盆地和北部伊朗高原的入侵者便与亚述人冲突不断。那么南部的巴比伦尼亚是难得爱好和平的芳邻么？答案令人遗憾——亚述城邦被苏美尔和阿卡德人征服过许多次，亚述人只有趁着苏美尔文明衰落的时候才得以一次次再度独立。

亚述人经历了一次次被异族征服又独立的“血火”考验后，形成了崇尚武力的民族性格。亚述祭司宣扬战神阿苏尔渴望人间的贡品，却并不计较贡品由何而来。这些在美索不达米亚北部默默耕种的农夫心中埋藏着并世代流传下来的暴力基因，使他们一旦占据优势地位时便会将无比残暴的手段加诸弱者头上。

自公元前 911 年亚述国王阿达德尼拉里二世登基之后，亚述迎来了宿命般的再一次复兴。这时的亚述已经在国土沦丧异族征服中挣扎了数个世纪之久，阿达德尼拉里二世率领亚述人掀起了民族解放战争，他的四处远征揭开了亚述历史上最后也是最辉煌的一页。阿达德尼拉里二世的兵锋西至巴利赫河，南抵幼发拉底河，北触塞凡湖流域，东及扎格罗斯山区。他驱逐了两河流域上游的北方游牧民族，除了在巴比伦那里屡次吃瘪之外，可以说是打遍美索不达米亚罕有敌手了。

到了一百多年后的提格拉·帕拉萨三世时期，这位通过政变上台的统治者将亚述王国变成了亚述帝国。

提格拉·帕拉萨三世即位后进行了一系列政治、经济和军事制度改革，亚述的官僚体系由此转变为效忠国王的私人奴仆。这位国王出身行伍，非常精通军旅之事。他在加强中央集权制的前提下实施募兵制，为亚述军队设置了多兵种合成化的常备军体系——拥有工兵、战车兵、骑兵、重装步兵、攻城兵和辎重兵等诸兵种，各个兵种按照不同社会地位的公民进行分配，从而建立起当时美索不达米亚地区最先进的军事体制。

提格拉·帕拉萨三世编练的亚述新军以农民出身的步兵为主体，辅以贵族出身的骑兵，他总是在初夏收获季节过后征兵以防止耽误农时。亚述的步兵一般由弓箭手、盾牌手、长枪手和投石手、标枪手组成，其中重装步兵全身披甲，头戴尖顶盔，手持盾、矛，佩短剑。由弓箭手和投石手、标枪手组成的轻装步兵不穿护甲，不戴头盔，作战时有专门配置的持盾士兵保护他们。一支亚述军队的典型作战方式是阵前排列五辆战车，其后布置排成一列的十五名骑兵，骑兵身后是二十五名重装步兵，五十名轻装步兵分布在战阵的两侧和后方。

亚述军队在战术上讲究兵种配合团队作战，攻击时由战车和骑兵担任进攻矛头，每辆亚述战车上有四名乘员，一人驾车，一人攻击，另外两个人手持盾牌专门做掩护。随着一声令下，亚述战车在骑兵掩护下冲散敌军阵型。紧随其后的重装步兵列阵徐徐前进，他们身上的大盾重甲可以抵挡轻型弓箭射击。轻装步兵紧随重装步兵，以密集的弓箭、石弹和标枪射向重装步兵对面的敌人。当敌人在野战中落败退守城市时，亚述工兵会挖掘地道并支起投石机和撞城锥来对付敌人。

在一块石碑的铭文中，提格拉·帕拉萨三世以胜利者的口吻宣布：

我率勇士远征居赫姆，在这场战争中攻无不克，获取无数珍宝。敢反抗者，一律对其屠城并烧成灰烬！

这位国王命令将俘虏的敌方国王刺瞎后，用绳索穿其唇，将其拖到刑场上剥皮焚尸，又将所有敌方贵族剁块后烧烤，举办一场人肉庆功宴——虽然他并非吃人上瘾的恶魔，但他非常喜欢让人们知道违抗自己会受到怎样的惩罚……

军国主义的亚述帝国兴起时，恰逢一个四周无强敌的真空期——埃及帝国崩溃了，赫梯王国解体了，古巴比伦奄奄一息，而波斯帝国尚未崛起。

亚述的统治异常血腥残暴，它的邻居们面对这样一个残酷帝国战栗不已。由于亚述人的暴行，犹太人将尼尼微称为“血腥的狮穴”：

亚述军队所到之处城镇都被焚烧破坏，财物被掠夺，居民被屠杀或掳走为奴，可以说是彻底的“三光政策”。亚述帝国从不饶恕被自己击败的国家和人民，每当攻克一座城市后亚述人必定屠城，士兵们将城中所有财产洗劫一空的同时，还用斧头和棍棒敲碎平民的脑袋，割断他们的喉咙，放火烧掉他们的房子并掳走他们的妻子和儿女。至于敌方贵族首领自然也难逃一死，人头还会经过防腐处理后带回亚述王宫作为装饰品悬挂。

公元前 743 年，亚述军队攻克叙利亚的大马士革城之后展开疯狂杀戮，城中男女老少都被杀戮一空，人头堆成一座座恐怖的小山。守城战俘被插在削尖的长矛和木桩上哀号，受尽折磨后才慢慢在痛苦中死去。城中所有的贵重物品、奇珍异宝都被抢光。亚述军队不辞辛苦，千里迢迢把这些物品运回亚述，以此来展现自己的“伟绩”。

亚述帝国的拿西拔二世曾得意地自夸：

我将敌人的尸体堆满山谷直到山峰；我砍掉敌人的首级，用人头

亚述国王萨尔贡二世与王子辛那赫里布

装饰城墙；我把敌人的房屋付之一炬；我在敌人城门口竖起一根石柱，用敌人首领的人皮包裹柱子；我把敌人活着砌在墙里，把另一些人沿墙插在木桩上；我下令肢解了所有敌人官吏……

亚述国王知道自己的手段除了令被征服者恐惧之外更令他们痛恨，所以向被征服地区派驻大量军队驻守，又将新征服地区的居民统统迁走分散到其他被征服地区，再将另外一些被征服地区的居民迁来耕种——尽量使不同语言和风俗的民族互相混杂，增加他们联合起来造反的难度。

亚述统治者在帝国境内开辟了宽广的驰道，这些道路以亚述本土为核心，呈辐射形延伸到四面八方。驰道路面用石块砌成，每隔一定的距离便设置一个路标和信号站，遇到紧急军情就用烟火信号报警。

亚述帝国击败古巴比伦的过程非常曲折，自公元前 734 年巴比伦王室内乱导致提格拉·帕拉萨三世被巴比伦祭司们迎入城中加冕为巴比伦之王以来，巴比伦和亚述的合并过程充满了叛乱与征服的循环，亚述军队对巴比伦城的占领达到四次之多。当公元前 689 年亚述帝国第四次攻陷巴比伦城后，亚述王辛那赫里布宣布：

巴比伦的居民无论老幼一个都不留，我要用他们的尸体填平城市的街道。

亚述军队杀尽了城中的男女老少，纵火将城池烧成灰烬。巴比伦的灰烬残骸被亚述人送到各个被征服地区，好让大家都知道反抗的下场。

高压过后，辛那赫里布又开始采取怀柔手段，他娶了一位巴比伦贵族女子那吉娅，那吉娅生下的儿子便是阿萨尔哈东。为了彻底让巴比伦人臣服，辛那赫里布宣布未来的国王将会是这个拥有巴比伦血统的孩子。

经过这么一番折腾之后，巴比伦人不敢反抗了。但是辛那赫里布的长子和次子却不服气了——本来我俩才是根正苗红的王位继承人，凭什么让给一个巴比伦野种?

于是这两位老哥俩一合计，老二说：大哥，我们动手吧！老大一时冲动也没说No……

大约在公元前681年，亚述黄金时代的雄主辛那赫里布在祭神时被长子派的刺客杀死，亚述随即进入一场短暂血腥的内战之中，最后还是由阿萨尔哈东登上了王位。

在阿萨尔哈东统治时期，他把注意力放在维持老爹留下的帝国疆域上面，重建了巴比伦城和马杜克神庙，恢复被征服领地中祭司们的特权。等到内部稳定之后，阿萨尔哈东瞄准了自己的目标——埃及。

大约在公元前675年，时任法老塔哈尔卡的军队面前出现了一群可怕的亚洲人。以埃及人的眼光看去，这是一支无比复杂的铁器时代军队，他们由战车兵、骑兵、重装步兵、轻装步兵、攻城兵、辎重兵、工兵等诸兵种混合构成，其兵种复杂到连弓箭手都能细分为从最重装弓手到最轻装弓手四个档次。

面对亚述人的入侵，第二十五王朝只能拼凑出以埃及人、努比亚人和利比亚人以及亚洲雇佣兵混编的步兵和战车部队进行抵抗。自从帝国崩溃以来，埃及人已经很久没有大规模对外战争的经验，而他们面对的亚述军队却是横扫西亚的百战之师。

大约在公元前 671 年，亚述军队轻易夺取了孟菲斯。

阿萨尔哈东占据了整个下埃及，他自封为“上下埃及和努比亚之王”，看似颇有将埃及文化圈一扫而光的架势。但这个国王要面对广袤领土中被征服民族和王室叛逆此起彼伏的叛乱和起义，所以他只是虚晃一枪，根本没打算在尼罗河谷长期驻留。

阿萨尔哈东实施“以埃及治埃及”的政策，他委任一些对自己效忠的埃及贵族对当地实施统治，勒令埃及每年进贡约一百八十公斤黄金和九吨白银后撤走——这笔资金主要被用于重建巴比伦城。

第二十五王朝的塔哈尔卡法老曾一度从亚述人留下的傀儡手中夺回了孟菲斯和下埃及，这下阿萨尔哈东被激怒了。

大约在公元前 668 年，阿萨尔哈东再度进攻埃及。

阿萨尔哈东是个有着迷之自信的人。就在再度征服埃及之前，他召集两个儿子和各附属国王公大臣们开会，要求大家签署一份在他死后如何划分遗产的协议，这就是著名的泥版文书——《以撒哈顿王位继承誓约文书》。

阿萨尔哈东在这份文件中将亚述帝国分为两半，由幼子亚述巴尼拔继承亚述本土为亚述王，长子沙马舒姆金继承巴比伦王国为巴比伦王，巴比伦王要臣服于亚述王。

正是因为吸取了自己即位时坎坷动荡的教训，所以阿萨尔哈东才做出如此诡异的安排，看似对两个儿子都有照顾，却埋下了亚述分裂兄弟反目的祸根。

当然阿萨尔哈东永远看不到这一天的到来，因为他很快病死于进军埃及的路上。

不过对于埃及而言，该来的总会来。亚述新任国王亚述巴尼拔很快再度进攻埃及，这次，恐怖的亚述军队占据下埃及后接着进攻上埃及。

到了约公元前 664 年，埃及成为亚述帝国疆域内的一个行省。

埃及人在传统上不喜欢异族征服者，所以就在亚述巴尼拔征服上埃及的时候，亚述帝国在下埃及的傀儡首领们互相串联，试图举起民族大义的旗帜起义响应塔哈尔卡法老保卫上埃及的战斗。

其中有一位出身利比亚雇佣兵后裔的舍易斯总督尼科一世颇为积极，只可惜他寄予厚望的法老没能顶住亚述人跑路了，于是尼科一世被亚述人押回首都尼尼微审查处理。

有鉴于亚述人对敌人的贵族处置手段花样繁多，有割耳割鼻的，有断手断脚的，有五马分尸的，还有剥皮剐肉的……所以尼科一世上路时的心情可想而知——亚述巴尼拔陛下万岁！请问我现在靠拢政府还来得及吗？

多亏亚述巴尼拔面临着相当糟糕的国内局势——他的哥哥沙马舒姆金就在他彻底征服埃及的同时高举叛旗从背后捅来一刀。沙马舒姆金得到不少亚述和巴比伦贵族的支持，并联合了几乎所有周边国度和亚述附属国，可谓是一场规模空前的叛乱。

命大的尼科一世全须全尾活着返回埃及继续从事自己的傀儡工作，改造好的他果然积极靠拢政府，忠诚地效忠于亚述帝国，结果在与努比亚人的战争中被塔哈尔卡法老的军队打死了……

到了尼科一世儿子普萨美提克一世继位的时候，这位颇有雄心的统治者趁着亚述陷入严重内乱之际，在希腊雇佣兵的帮助下，击败了其他臣服于亚述的埃及贵族傀儡，夺取王位创立了第二十六王朝。

当埃及重获独立的时候，亚述巴尼拔正忙于镇压庞大帝国境内的各处叛乱。这位颇有学者气质的国王能阅读美索不达米亚各种文字并计算复杂的数学难题，他在处理长期战乱之余还不忘兴建庞大的亚述图书馆，派遣大臣们收集散落在两河流域的文献。亚述的官僚奉命收集所有亚述境内没有收藏的泥版，并送到图书馆中分类处理。

亚述巴尼拔如自己祖先一样拥有相当的军事才华，他经过三年内战击败哥哥重新控制巴比伦尼亚，但埃兰人的叛乱再度搅得帝国境内不得安宁。有鉴于埃兰人曾先后断送过苏美尔和古巴比伦文明，亚述巴尼拔不能不重视这可怕的前车之鉴。

公元前 639 年，亚述军队经过苦战之后终于扫平了埃兰王国境内的所有土地。埃兰人的城市全部被夷为平地，神庙被推平，部落首领

亚述时期的滚印和泥版图案

被处死，被赦免的幸存者在亚述军队押送下背着行囊踏上烈日下的流放之路，从此在历史长河中销声匿迹。

公元前 627 年，亚述最后的雄主亚述巴尼拔去世。第二年，由迦勒底人建立的新巴比伦便取代亚述帝国开始称霸两河流域。十五年后的公元前 612 年夏季，复兴的新巴比伦终于开始对亚述人进行清算。他们联合亚述东部来自伊朗山谷中的米堤亚人向尼尼微展开围攻，经过三个月的围城战之后，联军攻陷尼尼微城。

帝国崩溃之后，亚述王室逃至位于幼发拉底河上游支流的哈兰城，亚述余脉在这个位于今天土耳其南部的偏远之地苟延残喘。末代亚述王阿苏尔乌巴里特二世争取到昔日死敌埃及的援助，一直坚持到公元前 605 年。在这一年，新巴比伦军队和他们的盟友进逼到哈兰城外的卡尔凯美什地区，亚述和埃及联军在这里被彻底击败，哈兰城陷落，这也标志着亚述帝国彻底成为历史。

新巴比伦时代

公元前 2000 年左右，闪米特人的一支迦勒底人进入美索不达米亚。到公元前 11 世纪中叶，他们在巴比伦尼亚南部靠近波斯湾一带定居下来。就像许许多多初来乍到的蛮族一样，迦勒底人摧毁了乌鲁克、尼普尔、西帕尔和库利伽勒祖等苏美尔文化古城，也逐渐被巴比伦文化同化。到了公元前 9 世纪时，迦勒底人已经成为生活在巴比伦尼亚，使用巴比伦语言的游牧部落联盟大杂烩的总称，部落首领不分大小均自称为王。此时的迦勒底人已经自我认定为巴比伦尼亚的土著居民，公然要求巴比伦王国的合法继承权利了。

迦勒底人曾经长期被亚述人所奴役，公元前 729 年，迦勒底部落首领提格拉·帕拉萨三世趁亚述内乱之际，占据巴比伦城自立为巴比伦王，这小小的叛乱旋即被亚述军队扑灭——这就是新巴比伦时代的滥觞。

公元前 626 年，迦勒底裔的亚述帝国巴比伦尼亚总督那波帕那沙尔发动叛变自立为巴比伦王，建立了新巴比伦王国。

新上台的国王在巴比伦城内登上王座，巴比伦故地的其他城市却纷纷与千古“逆贼”那波帕那沙尔划清界限——亚述人对造反者的惩罚手段是什么大家都很清楚。在近十年的时间里，那波帕那沙尔只能尴尬地控制巴比伦尼亚北部的乡村，主要大城市都对他的“王师”紧闭大门。

在抵制新巴比伦的旧巴比伦大城市中，尤其以尼普尔和乌鲁克最为典型。这两座城市的居民始终忠于亚述，即使在经历那波帕那沙尔的长期围困后也不改初衷。公元前 616 年，乌鲁克终于被攻陷，第二年尼普尔也被占领，至此那波帕那沙尔才得以控制整个巴比伦尼亚地区。

公元前 615 年，那波帕那沙尔远征亚述却无功而返。不久后他听到米堤亚人兴起并攻陷了尼尼微城的消息，于是他于第二年亲自前往被米堤亚人攻占的亚述城与米堤亚王会晤，两人达成结盟协议并互通姻亲，正是这条盟约宣布了亚述帝国的死亡。

公元前 607 年，年迈的那波帕那沙尔把军权交给了儿子尼布甲尼撒二世[1]。

公元前 605 年，随着亚述帝国的彻底毁灭，新巴比伦时代正式开始了。

公元前 605 年，新巴比伦的建立者走完了他辉煌的一生。

新巴比伦之王尼布甲尼撒二世在少年时代便跟随父亲南征北战，当父亲年老之后，许多战役都是由年轻的尼布甲尼撒二世代为指挥的。尤其是攻灭亚述的卡尔凯美什之战，尼布甲尼撒二世顶住接连被埃及军队击败的巨大心理压力，亲率军队背水一战，全歼埃及军队，为自己赢得了无与伦比的声望和爱戴。

当那波帕那沙尔去世时，尼布甲尼撒二世正领兵在外。他得知父亲去世的消息后担心有人捷足先登，立即赶回巴比伦城。当他怀着忐忑不安的心进入巴比伦城时，才发现大臣和百姓都等着自己回来就任国王。在众望所归之下，尼布甲尼撒二世登上王位，并得到巴比伦尼亚各个城市的承认。

当这个雄心勃勃的年轻君主坐上王座之后，面临的首要问题就是分清敌友：新巴比伦夹在埃及与米堤亚王国之间，米堤亚王国与新巴比伦瓜分了亚述帝国的遗产，它挡住了新巴比伦向东方扩展的商路；

[1] 尼布甲尼撒二世（ 前 634—前 562 ）是新巴比伦开国君主，那波帕那沙尔之子。新巴比伦王国第二任君主。公元前 598 年、前 597 年进军亲征犹太王国，前 597 年攻陷耶路撒冷，公元前 587 年将犹太王国的贵族及一般居民掳至巴比伦尼亚，史称“巴比伦之囚”。在国内大兴土木，修建了很多宏伟壮观的建筑物，其中以马杜克的塔庙、巴比伦城的伊什塔尔大门以及表面装饰着彩色琉璃的砖浮雕最为有名。传说为取悦其心爱的安美依迪丝王妃，又在巴比伦的宫殿建造闻名于世的空中花园，被誉为古代世界七大奇迹之一。尼布甲尼撒二世在位时期是新巴比伦繁荣鼎盛的时代。

曾经支援新巴比伦建国的埃及趁亚述衰弱时重新控制了自己传统的势力范围——叙利亚和巴勒斯坦，这就使得新巴比伦又失去了向西方扩展的商路。

要想通过商业拓展国力，这两个邻居中总要得罪一个的。

经过一番盘算，尼布甲尼撒二世选择了攻击埃及。为免除自己的后顾之忧，这位新国王决定迎娶米堤亚公主安美依迪丝，以巩固与米堤亚的盟友关系。

公元前 604 年，尼布甲尼撒二世刚登上王位便率军远征叙利亚。一路上各个腓尼基城邦都纷纷献上贡品赋税表示臣服，由埃及所立的犹太国王约雅敬也识相地主动献上人质和贡品。新巴比伦的远征军顺风顺水地完成了这趟主权宣示之旅，整个叙利亚和巴勒斯坦地区都归顺于尼布甲尼撒二世的旗帜之下。

这种事情令埃及无法容忍，两国彻底交恶。

经过几年的持续冲突之后，尼布甲尼撒二世在公元前 601 年率军远征埃及，但这次远征的结果是两败俱伤。见风使舵的约雅敬认为新巴比伦的实力已经被这次失败的远征严重削弱，于是转而投靠了老东家埃及。尼布甲尼撒二世正窝着一肚子火没处撒，便瞅准了这个可恶的犹太王国准备报复。

公元前 597 年，尼布甲尼撒二世经过两个月围攻后逼迫犹太王国投降。虽然头号目标约雅敬已于去年年底去世，但他的儿子约雅斤必须为父亲的行为付出代价——这位刚上台没几个月的国王被废黜，连同家属一同被押送到巴比伦城中做奴隶。

尼布甲尼撒二世大仇得报十分开心，他册封约雅斤的叔叔为新犹太王，并亲自给他取名为“西底家”，鼓励他安心在耶路撒冷城里做个好傀儡。以色列人并不甘心屈服，他们不断酝酿造反活动。不久后埃及开始大举进攻巴勒斯坦，西底家也积极响应埃及人打算摆脱新巴比伦傀儡的身份。

犹太先知耶利米和一些亲新巴比伦的犹太大臣反对西底家危险的投机行径，劝他保持与新巴伦王国的友谊，不要反抗尼布甲尼撒二世。但是，西底家认为埃及法老应该是个更好的老板，坚定地跳槽到埃及阵营中去了。

尼布甲尼撒二世被犹太国王一再背叛彻底激怒，他亲率军队对耶路撒冷发动了长达十八个月之久的围攻。

当西底家颤抖着跪倒在新巴比伦王面前时，等待着他的惩罚是眼睁睁看着自己的儿子们被杀死，接着，他被挖眼后用铜链锁着，如同驴子一般被牵到巴比伦城示众。这次战争中耶路撒冷遭到极可怕的洗劫，尼布甲尼撒二世决心吸取亚述人的统治经验，他下令拆毁耶路撒冷城墙并焚毁全城。全城活着的居民几乎全被掳到巴比伦做奴隶——这就是历史上著名的“巴比伦之囚”。

这场苦难成了犹太人挥之不去的惨痛记忆，他们在《被掳于巴比伦之哀歌》中这样唱道：

我们曾在巴比伦的河边坐下，
一追想锡安就哭了。
我们把琴挂在那里的柳树上。
因为在那里掳掠我们的人要我们歌唱；

中世纪欧洲画家创作的空中花园想象图

强夺我们的人要我们作乐。

他们说："给我们唱一首锡安歌吧。"

可我们怎能在外邦唱耶和华的赞歌呢?

彻底解决了犹太王国之后，尼布甲尼撒二世转而攻打腓尼基城市推罗。

推罗当时是腓尼基城邦的首都，拥有易守难攻的港城要塞。为了拿下这座城市，尼布甲尼撒二世持续攻打了十三年之久。就在新巴比伦士兵几乎丧失斗志的时候，推罗率先坚持不住投降了。

新巴比伦彻底控制了关系到国家命脉的西部商路。

尼布甲尼撒二世并不只是一个武夫，在文治方面他统治得也相当出色。新巴比伦王国内政稳定经济繁荣，充沛的国力让国王陛下可以通过大兴土木来夸耀自己的伟大。尼布甲尼撒二世曾经三次下令重修巴比伦城，在完成其中一次大规模整修扩建工程之后，他在石碑上如此夸耀自己的建设成就:

我修筑了从东面保护巴比伦的城墙，我还下令开凿了护城河槽，用沥青和砖砌筑河岸，护城河的护墙像山一样高！巴比伦的城门非常牢靠，它用不朽的雪松制成，还用坚固的铜叶包裹。看守城墙的士兵们将河水灌满护城河，敌人渡过护城河就像渡过大海一样艰难，他们对巴比伦构不成威胁。在护城河之后，我的士兵们堆起土堆，砌起砖墙，形成堡垒。我的巴比伦城固若金汤，没有任何人能攻破它的铜墙铁壁!

巴比伦城遗址

除了修建城市之外，这位国王更为著名的大手笔工程就是他与妻子爱情的见证——空中花园了。

在两河地区的民间传说中，美丽的米堤亚公主安美依迪丝遵从父亲的安排嫁到巴比伦城之后总是郁郁寡欢。尼布甲尼撒二世纵然对妻子万般宠爱，却始终难解安美依迪丝的思乡之愁。米堤亚王国地处伊朗高原之上，那里丘陵起伏森林茂盛，举目所望之处到处是连绵不断的山丘和五彩缤纷的草木。可现在安美依迪丝眼前出现的是美索不达米亚南部的枯燥景致，一望无际缺乏变化的褐色平原，干枯的土地上连见到青草都成为惊喜。对环境的不适应令她难以忍受，哪里还能对着丈夫展露欢颜呢?

尼布甲尼撒二世与安美依迪丝的婚姻虽然是一桩政治交易的产物，但他对妻子的关爱却也并非虚情假意。既然安美依迪丝渴望见到故乡的山河，那么给她造一个便是!

就这样，巴比伦城中开始不惜人力物力和财力，以举国之力兴建起一个梦幻般的空中花园，以解公主的思乡之苦。

巴比伦的空中花园位于今天伊拉克首都巴格达附近一百公里处，这座花园并非如字面意思是悬挂在空中的，而是一座十五米高梯形人造土山上的皇家花园。这座花园由总周长五百多米的土丘基座堆砌而成，每层厚实平台上都栽满从两河及周边地区运来的珍贵树木奇花异草，平台底部铺设了石板、芦草、沥青、硬砖和铅板构成的复合防水层，以防止宝贵的淡水渗漏。

在干旱少雨的巴比伦保持空中花园的水源是一个工程技术难题，巴比伦的工匠在花园最高层兴建蓄水池，通过水管为层层平台的植物灌溉，而蓄水池中的水则很可能是由奴隶以人力运输上去的。

完工之后的空中花园壮阔美丽：

园中种满了奇珍异草，这就像山丘中的国度一般层峦叠嶂。跳动的喷泉浇灌高大树木的悬根，这些树木枝叶繁茂绿荫蔽日。清澈的泉水如同玉树琼浆一样自高处流下，通过水管抵达花园各处，充沛的水汽滋润树根土壤，让花园在干旱的巴比伦永远保持湿润。

这一巨大工程取悦了米堤亚的公主，但尼布甲尼撒二世却也在暗中安排在北部边境修筑了一道由西帕尔到欧庇斯的防御工事体系，即所谓的“米堤亚之墙”。作为一个睿智的统治者，纵使在夫妻恩爱两国交好的情况下，他依然对未来可能发生的不测做好了未雨绸缪的准备……

公元前 562 年，尼布甲尼撒二世突然遇刺身亡。

国王的死讯来得太突然，使已经控制整个美索不达米亚和叙利亚、巴勒斯坦的巴比伦帝国骤然陷入动荡之中，许多人摩拳擦掌地争夺巴比伦城中的王座。正统继承人阿迈尔马都克只统治了三年就在政变中遇害，接着上台的是曾经率军攻克耶路撒冷的大将内伽尔沙拉乌苏尔。这位新国王也是王室成员，因为他是尼布甲尼撒二世的女婿。公元前 556 年，巴比伦城中的高层军官们发动哗变，杀死了内伽尔沙拉乌苏尔，又经过一番混乱之后，王权落在了纳布尼德手中。

阿拉美亚人出身的纳布尼德完全没有王族血脉，纳布尼德在登基时的纪念铭文中谦虚地自述：

我是纳布尼德，我不配成为一个伟人，我没有君主的身份和尊严……

很快，新巴比伦人就发现自己的统治者与其说是一位国王，不如说是一位考古学家。纳布尼德一家人都热衷于孜孜不倦地收集美索不达米亚地区的各种古董来充实自己的博物馆，并且在各个城市中按照古巴比伦时期的样式大兴土木进行重建工程。纳布尼德的女儿是乌尔城的月神辛神庙大祭司，在这位公主的住所遗址中出土了大量比她的时代早七百至一千六百年之久的各种古代文物，这些文物并不是值钱的金银珠宝，而是古代城邦的界碑、向古神献祭的石碑、古代雕像残片等物品——她是真的以这些文物的文化价值来证明自己神庙的圣洁，还精心地编制了文物展品目录并记录在一个陶制圆筒之上。

纳布尼德本人对古巴比伦时期的习俗大为称赞，教导自己的人民应该予以效仿。这种教化颇有些“王莽复古改制”的意味，但两个时代的宗教已经产生很大不同，这种复古潮流令新巴比伦的祭司和学者难以忍受，纷纷将国王的文化革新举措视为异端邪说。与此同时，新巴比伦人还发现自己的国王除了考古学研究以外，还是一位激进的宗教改革家。这位国王的母亲是传奇女祭司阿达古碧，这位老太太活了一百二十岁，可以说是当时整个美索不达米亚最长寿的了……

阿达古碧除了长寿以外，还是个信仰坚定的女祭司——她信仰月神辛，所以连带着把儿子也培养成辛的忠实信徒。纳布尼德一上台便大肆推广对月神辛的崇拜，将这位神灵尊奉为万神之王——实际上这就是令新巴比伦摒弃对传统主神马杜克的崇拜。问题是月神辛是阿拉美亚人信仰的主神，纳布尼德的强硬宗教改革措施使得新巴比伦祭司阶层与他势不两立。

最后，新巴比伦人悲哀地发现自己的统治者除了是考古学家和宗教改革者以外，还是雷厉风行的税务官。为了筹措重建哈兰城月神神庙的经费，纳布尼德采取向各个城市加税的手段。但此时新兴的波斯帝国已经开始向美索不达米亚伸出触角，本属于米堤亚王国的叙利亚城市哈兰正是因为波斯入侵才能被新巴比伦控制的。

波斯帝国居鲁士大帝雕像

此时与新巴比伦交好的米堤亚王国和小亚细亚的吕底亚王国都被波斯雄主居鲁士二世征服，这不仅使新巴比伦与小亚细亚和亚洲内陆的贸易中断，更令这个两河霸主感受到唇亡齿寒的危机。

传统的贸易线受阻，新巴比伦处于被半包围的孤立状态，在这种情况下大家做生意都做不成了，还要加税？于是整个巴比伦尼亚的工商业奴隶主都对着国王陛下开始骂街了。无奈之下，纳布尼德只好针对各个城市的神庙祭司们下手。这些平素享受特权照顾的大祭司们自然不会对把手伸进自己钱袋的异端国王有什么好感，双方的矛盾已经到了你死我活的地步了。

纳布尼德面对高压锅一般的内政局面采取了顺其自然的逃避态度，他委任儿子贝尔沙尔乌苏尔为摄政王，自己率领一支军队前往阿拉伯沙漠中的绿洲城市泰玛，一住就是十年。

纳布尼德在泰玛逗留的目的很可能是试图控制新巴比伦与阿拉伯之间的商路，为自己的国家建立新的收入来源。但国王的远离令他的人民更为愤懑，巴比伦尼亚的居民将这十年间所遭遇的瘟疫、饥荒和种种不顺都归咎于国王，因为他背弃了守护神马杜克令巴比伦尼亚受惩罚，因为他在沙漠中逗留使得巴比伦城中至关重要的新年庆典被迫取消……

公元前 539 年，已过古稀之年的纳布尼德终于返回巴比伦城。这时哈兰的月神神庙已经如他所愿竣工，纳布尼德也亲自主持新年庆典以取悦自己的人民。但一切都已无法挽回，他并不能改变众叛亲离的局面。就在这一年，居鲁士二世率军大举入侵新巴比伦。这位聪明的波斯君主宣称自己奉马杜克之命前来惩罚新巴比伦之王，并且宣布马杜克亲自在他的手心里写下了“纳布尼德王对我不敬必受审判”。

居鲁士二世派人将刻着这句话的陶罐分送四方，不少新巴比伦的人民则对入侵者欢呼喝彩，等着看异端国王的“好戏”。当波斯军队轻松拿下边境重镇西帕尔和欧庇斯，跨越尼布甲尼撒二世修筑的“米堤亚之墙”时，纳布尼德还故作镇定地宣称侵略者一定无法侵犯巴比伦城，毕竟由两道城墙和宽阔的护城河组成的防御体系是坚不可摧的。

波斯人很快便抵达城下，听到波斯战象嘶鸣的巴比伦市民蜂拥逃散，城中的祭司们打开城门欢迎来自远方的“客人”——他们终于等到了报复异端国王的这一天！

波斯大军一拥而入，贝尔沙尔乌苏尔像只待宰的鸡一样被杀，他的老父亲沦为阶下囚，存在了不到一百年的新巴比伦王国就此灭亡。

短暂的新巴比伦王国存在于美索不达米亚历史上奴隶制经济最繁荣的时期，它为波斯帝国留下了丰厚的遗产。壮丽辉煌的巴比伦城令居鲁士二世赞叹不已，他立即决定将波斯帝国的首都迁到巴比伦城，并且按照美索不达米亚的悠久传统为自己加上了“宇宙四方之王”的头衔——初来乍到的，也不好意思坏了本地称王时的规矩啊……

两河时代的终结

古波斯人是从公元前2000年左右由中亚迁徙到伊朗高原西南部的民族，属于印欧语族中的一支，关于他们的早期历史记录不详。

公元前639年，亚述人在记载亚述最后的雄主亚述巴尼拔进攻埃兰的铭文中含糊提及埃兰当地的“帕尔苏阿王居鲁士”当了带路党，他识相地臣服亚述，并派遣长子到尼尼微献上贡品以示归顺。亚述军队扫平埃兰王国之后将幸存的居民流放到远方，埃兰人空出的土地被帕尔苏阿王居鲁士及其部族所占据，他们就是波斯人的祖先。

公元前6世纪时，米堤亚王国兴起，埃兰地区成为米堤亚人的猎物，波斯人又归顺了米堤亚王阿斯塔亚——这位国王正是尼布甲尼撒二世的王后安美依迪丝的弟弟。阿斯塔亚曾梦见自己的女儿芒达妮的儿子统治世界，这无疑意味着米堤亚的王权将旁落。于是他安排芒达妮嫁给居鲁士的后代冈比西斯，因为在他看来冈比西斯是个软弱之人，而且波斯人的地位低下，无法染指王权。

冈比西斯和芒达妮结婚后生下一个儿子取名居鲁士，他就是未来的居鲁士二世，按说老泰山阿斯塔亚应该满心欢喜才是。没想到阿斯塔亚偏偏又梦见从芒达妮腹部蔓延出的葡萄藤遮蔽了整个小亚细亚，于是惊恐不安的阿斯塔亚不顾骨肉亲情，下令自己的亲信大臣哈尔帕哥斯处死居鲁士。哈尔帕哥斯接到这个命令后左右为难，他害怕日后阿斯塔亚反悔让自己背锅，于是便把孩子转交给一个牧人，吩咐他把孩子扔到野外听天由命。正好牧人的婴儿刚刚夭折了，于是便留下孩子并抚养长大。

小居鲁士十岁的时候捅出一个大娄子：他和一群小屁孩玩扮演国王的游戏，结果他被其他孩子推举为“国王”。这下一个贵族的孩子不干了，小居鲁士便摆出国王的谱来下令其他孩子们狠揍了一顿这个抗命的“大臣”。

牧人的孩子居然打了贵族的少爷，这件事立刻掀起巨大风波。牧人为了保住小居鲁士的命只好说出他的身世真相，阿斯塔亚终于得知自己的外孙还活着。这位愤怒的国王立刻决定惩罚身边的哈尔帕哥斯——他下令杀死自己亲信大臣的儿子，并且强迫对方当众吃掉用自己孩子的肉做成的菜。

至于小居鲁士则逃过一劫，因为米堤亚宫廷祭司拍着胸脯保证说这孩子已经在游戏里当过国王，所以阿斯塔亚梦中所见预言已经应验，他的外孙不会在现实中威胁米堤亚的王权了。这样阿斯塔亚终于打消疑虑，将小居鲁士送回波斯人中间。

长大成人后的居鲁士二世率领波斯人为米堤亚南征北战立下赫赫

战功，这时候哈尔帕哥斯决定展开自己的复仇行动，在他的劝说和里应外合的保证下，居鲁士二世打算起兵推翻外祖父的统治。

公元前 553 年，居鲁士二世率领波斯人掀起了反抗阿斯塔亚的起义。米堤亚人都愿意支持国王的外孙而不是国王，阿斯塔亚被自己的手下捉住交给外孙，居鲁士二世登上米堤亚王位，将外祖父软禁在王宫中直到其去世为止。

公元前 550 年，居鲁士二世建立了阿契美尼德王朝，定都苏萨，这就是古波斯文明之始。这个帝国将持续扩张两百余年，其疆域东起印度河，西至爱琴海及非洲东北部。

公元前 547 年，居鲁士二世挥军渡过底格里斯河进入小亚细亚，他在这里与吕底亚王克洛伊索斯正面遭遇。

吕底亚的骑兵天下闻名，他们的人数也超过波斯军队。但狡诈的居鲁士二世吩咐将后勤运输的骆驼放在前锋，利用马匹厌恶骆驼的习性发起进攻。战斗开始后吕底亚人的战马果然见到骆驼就转身逃窜，阵脚大乱的吕底亚军队被击败，克洛伊索斯也成为居鲁士二世的俘虏。

征服吕底亚之后，新巴比伦便成为波斯的下一个目标。

居鲁士二世早已摸清这个美索不达米亚霸主的底细，他在进军途中对新巴比伦的城市秋毫无犯，一路上拨乱反正，恢复对马杜克神的信仰，于是波斯来的征服者闪电般赢得了巴比伦尼亚居民的拥戴。

居鲁士二世占领巴比伦城后，马上宣布马杜克才是这里唯一的守护神。而祭司们也立刻宣布居鲁士二世是马杜克神的使者，神委派他担任巴比伦之王。于是居鲁士二世便以巴比伦王的名义下令新巴比伦各地军队放弃抵抗，转眼间就彻底控制了美索不达米亚。

居鲁士大帝陵墓遗址

居鲁士二世赞叹巴比伦的文化，下令立刻恢复城市运转，修复攻城时被打坏的城墙和城门。巴比伦市民欣欣然开始重建工程，毫不在意统治自己的已经是异邦的君王。居鲁士二世发现巴比伦城内的犹太人后，便宣布解除对他们的囚禁，让这些巴比伦之囚全部返回故土定居。这个消息对于犹太人而言堪称从天而降的福音，他们将居鲁士二世奉为救世主，在《圣经》中给予其极高的评价。

返回耶路撒冷的犹太人重建了新犹太王国，这个王国在整个波斯帝国存在期间都是波斯人的忠实盟友。当波斯进攻埃及时，犹太人也积极响应号召派去大量的官吏和驻军以稳固波斯帝国的统治。

自居鲁士二世开始的波斯征服战争并不那么残暴，波斯皇帝希望被征服地的人民最低限度地感到征服者的存在。他们给附属国以行政自由，波斯总督只是监督而非取代地方政权的工作。最为重要的是，波斯人使大家感到他们尊重、保护其臣民的宗教信仰——这项开明的政策的确换来了对波斯人统治的承认。

居鲁士二世将自己平和宽容的政策贯彻到底，他不仅释放了犹太人，还给腓尼基城邦以自由——他希望得到腓尼基舰队的支持以便征服下一个目标埃及。

但公元前 529 年，一代雄主居鲁士二世死于讨伐波斯东北部里海东岸草原的萨马盖特游牧部落的战争中。当他去世的消息传遍波斯帝国领土时，波斯人为“父亲”而哭泣，小亚细亚的希腊城邦哀悼“主人”，犹太人则缅怀“圣王”。

冈比西斯二世是波斯帝国阿契美尼德王朝的第二任皇帝，他一上台便立志完成父亲的夙愿——征服埃及。

当时的第二十六王朝法老是篡位上台的埃及将军雅赫摩斯二世，他的国防完全依靠贪婪无信而又矛盾重重的利比亚和希腊雇佣兵支撑，此时他已无力控制底比斯的神权，以至于国家财政被祭司贵族集团吞噬殆尽。根据希罗多德在《历史》中的记载，冈比西斯二世首先向雅赫摩斯二世索要一名埃及最好的眼科医生，雅赫摩斯二世不敢得罪这个强邻，便从埃及挑选了一名眼科医生强行送到波斯。

埃及人素来不愿离开故土，所以这位心怀不满的眼科医生随即挑唆冈比西斯二世向雅赫摩斯二世求娶公主，因为这样会使波斯皇帝获得埃及王位继承权。雅赫摩斯二世当然不愿送出女儿，于是便让前任法老塔哈尔卡的女儿尼特缇丝顶替自己的女儿出嫁——问题是这位公主可是被他背叛而死的前法老之女。

尼特缇丝在嫁到波斯之后将事情的经过告诉了冈比西斯二世，冈比西斯二世因此勃然大怒，决定出征埃及。正在此时，雅赫摩斯二世的希腊雇佣军首领法涅斯与自己的老板闹翻了，法涅斯不仅丢了工作还差点丢了性命，于是被一路追杀的希腊人法涅斯决定不受“竞业禁止协议”的限制，携带大批埃及军事情报投奔前老板的友商冈比西斯二世。

这些情节看起来颇像一部喜剧电影的剧情，不过无论是否真的发生过这些，埃及都注定无法逃脱波斯帝国的进攻。因为当时的中东已被波斯帝国征服，冈比西斯二世决定向非洲继续扩张，那么倒霉的埃及无论怎么做都会成为波斯帝国进出非洲的鞋垫。

事实上冈比西斯二世并不是脑子一热就出兵的，他用了四年时间来准备这次征服行动。波斯帝国的所有属国都要承担这次军事行动的赋税与兵役——波斯帝国第一次建立起强大的海军。反观埃及方面，篡位上台的雅赫摩斯二世及其儿子被埃及贵族集团敌视，在梵蒂冈博物馆中收藏着一座埃及贵族乌加霍列森尼的雕像，雕像上的铭文记载了这位赛斯城奈特女神神庙的祭司暨埃及海军统帅在波斯人入侵时，如何勾结侵略者葬送自己祖国的行径——这是由乌加霍列森尼本人执笔的自传。

冈比西斯二世素有暴君之名，在希罗多德的笔下，这位波斯皇帝征服埃及后实行种种倒行逆施，包括将埃及王室和贵族的女儿掠做奴隶，攻陷孟菲斯后一口气屠杀两千名埃及贵族等等。最出名的一个例子是说他蓄意要破除埃及人的封建迷信思想，所以下令杀死了阿庇斯圣牛，并牵来一头驴子勒令埃及人当作圣牛崇拜……

乌加霍列森尼的自传中承认了孟菲斯的大屠杀事件，但强调这是因为埃及人先杀死了两百名劝降使者，所以冈比西斯二世下令要埃及人十倍奉还，其中第一个被杀的就是末代法老普萨美提克三世的儿子。乌加霍列森尼为波斯人辩解说在出现了杀死并肢解使者的情况下，“任何以前的国王都会这样做”。至于那头据说被杀死的圣牛，1853 年在距离孟菲斯不远的塞加拉城发现了它的坟墓，铭文上记载了当这头牛死亡时冈比西斯二世正在远征埃塞俄比亚的途中。波斯皇帝下令，按照埃及的习俗为圣牛下葬，还在圣牛石棺上使用了埃及国王传统的头衔：“上下埃及之王、拉神的后裔冈比西斯”。

普萨美提克三世本来有望被赦免甚至继续统治埃及，因为这是波斯帝国对付被征服土地的传统做法，但普萨美提克三世不肯屈服异族统治，他在煽动埃及人叛乱时被抓住处死。冈比西斯二世本人则在进攻埃塞俄比亚时大败而归，恰逢国内又发生叛乱，心慌意乱的他率军回国时失手把大腿划伤，二十天后因为伤口感染死去，成为波斯历史上的笑柄。

公元前 522 年，波斯本土发生叛乱，冈比西斯二世的宫廷禁卫军统帅大流士率军平定叛乱后即位，成为波斯皇帝大流士一世。大流士一世在年轻时曾历经十八年苦战，扫清八个割据势力，重新统一了波斯帝国，所以很狂妄地自称是“王中之王、诸国之王”，不管别国认可不认可，反正波斯人认可这一点，他们把大流士尊称为“铁血大帝”。其实大流士一世在政治上还是比较开明的，他让各被征服地区在承认波斯皇帝最高权威的基础上，实行区域民族自治。而且允许各自治地方有自己的法律体系，例如被征服的埃及仍旧沿用古埃及法律，巴比伦尼亚和犹太地区则分别保留了《汉穆拉比法典》和《圣经》的法律内容。顺便说一句，大流士一世还是位拜火教[1]教徒，他把拜火教定为国教，却又容许各民族保持自己的宗教，这是极为难得的宽容之举。

大流士是一位口碑很好的统治者，虽然他是以镇压大叛乱的方式再度征服了埃及，并将埃及与塞浦路斯、腓尼基一同划入波斯阿契美尼德王朝下的第六总督区，但他尊重甚至纵容埃及人的动物崇拜——为阿蒙 - 拉神修筑神庙。

大流士一世统治时期是波斯人或者说第二十八王朝统治最成功的

[1] 即琐罗亚斯德教（Zoroastrianism），是在基督教诞生之前在中东最有影响的宗教，是古代波斯帝国的国教，也是中亚等地的宗教。是摩尼教之源，在中国称为“祆（xiān）教”。琐罗亚斯德教的教义一般认为是神学上的一神论和哲学上的二元论。琐罗亚斯德教的经典主要是《阿维斯塔》，意为知识、谕令或经典，通称《波斯古经》。

阶段，在这个阶段中埃及人基本上没有大规模的造反。甚至当埃及祭司拒绝将大流士的石像放在阿布·辛拜勒神庙前面时，大流士一世也听取了埃及人的理由：“您的成就是不能够和拉美西斯大帝相比的，因为他征服了比您更多的民族，其中有你未能征服的斯奇提亚人。”不管大流士一世心里怎么想，他还是对祭司表示了谅解。

不过波斯人不会皈依埃及文化，他们始终是外来的统治者，就像大流士在埃及留下的那句碑文：

我是波斯人，我来自波斯，我夺取了埃及。

不过对于那些仍旧保持着独立文化的国家而言，大流士一世的民族自治毕竟比不上民族独立自由自在。所以当公元前 490 年，波斯军队进军古希腊时便遭到了迎头痛击。

当时大流士一世派军横渡爱琴海，在距雅典城东北四十公里的马拉松平原登陆。马拉松这个名字的意思是“多茴香的”，因古代此地生长众多茴香树而得名，不过在波斯军队抵达之后就是“多大兵的”了。

马拉松一战，两万波斯军队被一万一千希腊联军击败，有六千四百名波斯人葬身于此。雅典将军米勒狄在战斗结束后，派一个叫菲迪皮得斯的士兵回去报信。飞毛腿菲迪皮得斯先生一路飞奔回到雅典，当他跑到雅典城后只说了一句“我们胜利了”，就倒在地上累死了。为了纪念这一事件，在 1896 年举行的现代第一届奥林匹克运动会上，设立了马拉松赛跑这个项目，把当年菲迪皮得斯送信跑的里程——42.195 公里作为赛跑的距离。只是不知道波斯人的后裔伊朗运动员跑这个项目会是什么样的感觉。

马拉松战役的受挫使得年老的大流士一世怒不可遏，只是由于埃及发生叛乱才使得他没有御驾亲征。大流士一世未竟的事业由他的继承人薛西斯完成，这位穷兵黩武的君王花费四年时间动员整个波斯帝国的军队来进攻希腊。在入侵希腊之前，波斯派遣了使者团进入希腊，劝说各个城邦放弃抵抗，宣称波斯只要他们的水和土。

波斯的使者肩负着皇帝重任而来，但是在雅典他们被扔进了深坑，而斯巴达则把前来的使者扔进了一口大井，说井里有的是水和土，并且嘲讽地建议井底的波斯使者尝试自力更生，挖条通道解救自己。后来薛西斯再次派出了自己的使团，不过再也没敢去跟雅典和斯巴达啰唆。而希腊的七十个城邦在雅典和斯巴达的带领下结成了盟邦，共同抵御波斯入侵。

波斯帝国方面参加这次远征的士兵来自臣服波斯的四十六个王国，一百多个民族。根据希腊人的记载，这支号称五十万的大军组成人员五花八门：

有穿着五光十色的长褂和鳞状护身甲、携带短剑长矛的波斯人和米堤亚人；有头戴铜盔、手持亚麻盾牌和木棍的亚述人；有用弓箭和斧头作为主要武器的帕提亚人和花剌子模人；有穿长袍的印度人；有穿紧腰斗篷，右肩挂着长弓的阿拉伯人；有穿豹皮或狮子皮，手拿燧石箭头的埃塞俄比亚人；有身穿鲜艳的红斗篷，手拿标枪和盾的色雷斯人；还有帽盔上装饰牛耳、手执皮盾和短矛的高加索各族士兵。波斯军队的人员这样庞杂，武器装备又是这样五花八门，使得这支大军不像是参战倒像是参加联合国大会。

公元前 480 年春季，薛西斯召见了一个希腊人——他是被驱逐到波斯的斯巴达前国王德马拉托斯。薛西斯向他征求征服希腊的建议，并且把自己军队的底细和盘托出。德马拉托斯敷衍了薛西斯一番后立即将情报传递回斯巴达，希罗多德认为德马拉托斯的行径纯粹是为了泄愤，理由是他随后还是跟随薛西斯参与了对希腊的作战。可是他的情报使得希腊人得以提前做出准备，而且他的情报传递手法很巧妙：在一块木头上刻字后涂上蜡，这样从外表就什么也看不出来。

木头被送到斯巴达国王列奥尼达手里，他对这奇特的信件束手无策——难不成是前国王为即将召开的奥林匹克运动会发来的贺信不成？后来他在妻子的提醒下才发觉了木头的奥秘——原来是波斯人的希腊自助游预定行程表！

由此看来德马拉托斯很有可能是希腊人的间谍，至少在这时候他是一名志愿的间谍。

希腊人在波斯进攻之前派遣了不少间谍到亚洲刺探情报，曾有三个间谍在窥探波斯军队规模时被抓个正着。他们先是被判处死刑，接着又被送到薛西斯那里去。薛西斯命人带领三个希腊间谍在军营四处转了个遍，然后将他们平安送回希腊。他在对自己的将领解释时说，如果间谍被处死的话，波斯军队的强大力量就无法传递给希腊各城邦。而杀掉这三个人的话对希腊也没什么损害，不如让他们把恐惧带回希腊，说不定可以使得希腊不战而降。

薛西斯这过分自信的方法没有起效，希腊人决定抗战到底。

于是波斯军队大举入侵横扫希腊北部，最后在温泉关与七千希腊联军相遇。温泉关是从希腊北部通往南部的唯一通道，这个通道极为狭窄，只能通过一辆战车。斯巴达国王列奥尼达带领三百名国王卫队成员驻守在这里，他身边还有六千七百名其他城邦来的战士。

在以后的传说中，列奥尼达和他的三百勇士成为不朽的传奇，剩下的六千七百名希腊战士的存在和牺牲却被无视了。

在发起进攻前，薛西斯再次派出了使者兼间谍去拜访希腊军营，劝说他们放弃抵抗，并许诺将来让列奥尼达做全希腊之王——他指的是在波斯皇帝统治下的全希腊。

列奥尼达故意让波斯间谍骑着马在阵地上转了转，让他看看希望让他看到的东西：希腊战士毫不惊慌的举止和高昂的士气，至于那些新建的防御工事则一点都没有泄露出去。间谍回去后向薛西斯如实禀告一番，他说斯巴达人没有严阵以待的戒备，反而很放松地在做体操，还有些人在梳理头发。

薛西斯感到很迷惑，不明白斯巴达人为何在这节骨眼上还顾得上处理自己的发型。德马拉托斯向薛西斯解释说斯巴达人习惯在血战前梳理头发，毕竟打完仗后还有没有做发型的机会实在是很难说。

留着长发和大胡子的薛西斯对这个解释很不满意，更不欣赏希腊的发型艺术。他在经过四天的等待后终于下令进攻，由此开始了名垂青史的温泉关之战。

由于独特的地形限制，波斯人的大军完全发挥不了人数上的优势。经过两天的血战之后，温泉关仍然没有被突破。正当薛西斯无计可施时，一个自告奋勇的希腊间谍帮助波斯人解开了难题，这个名叫埃彼阿提斯的当地农民来报告说，有条小路可以通到关口的背后。薛西斯一听大喜过望，立即命令这个希腊叛徒带领自己的御林军绕到温泉关后，切断了希腊人的退路。

列奥尼达得知波斯军迂回到了背后，知道大势已去。他把已无斗志的其他城邦的军队调到后方去，只留下他带来的斯巴达士兵迎战。因为按照斯巴达传统，士兵永远不能放弃自己的阵地。七百名由将军迪莫费鲁斯率领的底比斯城邦战士自愿留下同斯巴达人并肩作战。

第三天的战斗开始了，前后夹攻的波斯军队在当天经过五次冲锋后，终于消灭了全部斯巴达人，有不少来不及逃离的其他希腊城邦战士向波斯人投降，但也全被屠杀。

温泉关战斗至此结束，波斯军队阵亡了两万人之多，连薛西斯的两个兄弟阿布罗科麦斯和海帕兰西斯也殒命其中。

温泉关之战充分说明了情报工作的重要性，由于没有派遣谍报人员严密勘察进军路线，波斯军队遭到了极大的损失，如果不是天上掉馅儿饼掉出来了一个希腊内奸，他们还不知道要在这里流多少血才够。虽然波斯人在传统上很尊重英勇不屈的敌人，但是惨重的损失让薛西斯几乎疯狂。他下令砍掉列奥尼达的首级，并且把尸体钉到十字架上。在波斯人离开温泉关之后，希腊人把其他希腊战死者的遗体收集起来，统一安葬在那座最后激战的小山上。人们建造了一座石狮来永久怀念英勇的斯巴达国王列奥尼达。在战役之后的第四十年，列奥尼达的遗骸才被归还给斯巴达。悲痛的人们授予这位伟大的国王最高的荣誉，将他的遗骨重新安葬在山上，从此以后，斯巴达每年都会举办仪式和活动来纪念这位盖世英雄。

攻占温泉关以后，波斯军长驱直入，直扑雅典城。然而雅典城已经变成一座空城，薛西斯大怒之下，放火烧毁了希腊这座最大、最富庶的城市。雅典海军统帅提米斯托克利将希腊联合舰队全部集中到萨拉米海湾，等待波斯海军前来决战。面对波斯强大的海军，联合舰队内部产生了极大的分歧，有些人主张逃走为好，有些人表示不能困守海湾。

提米斯托克利指出，必须把战船集中在萨拉米海湾和波斯海军决战，才能取得胜利。因为笨重的波斯战舰在水浅的海湾内极不灵活，而希腊船只正相反。与此同时，提米斯托克利派遣自己的间谍去向薛西斯告密，说希腊海军人心浮动不敢交战，都想逃出海湾。

薛西斯见到密信十分高兴，立即下令严密封锁海湾，不准放过一条船。这样一来薛西斯替提米斯托克利稳定了军心，把希腊舰队逼到不得不死战的绝境。

9 月 23 日凌晨，波斯舰队完成了对希腊舰队的包围，一千两百零七艘波斯战舰将三百五十八艘希腊战舰完全封锁在海湾之中。薛西斯心花怒放，他在萨拉米海湾附近的一个山丘上搭起帐篷观战，同时命令史官拿着笔伺候在旁，准备记下波斯海军的辉煌胜利。

战斗开始后，灵活的希腊战船用撞角连续撞沉慢吞吞的波斯战舰。当波斯战舰前锋抵挡不住撤退时，后续部队正迎着顺风快速涌入，结果波斯人互相撞沉的船只比希腊人击沉的还多。

薛西斯忍着心脏病发作的危险看完了自己舰队崩溃的全过程。由于丧失了制海权，波斯军队的补给线也被掐断，更可能被截断后路全军覆灭。于是他率领大部分军队撤退，只留下一部分陆军和战舰继续战斗。第二年，不死心的薛西斯又派遣五万军队进攻希腊。斯巴达则统率伯罗奔尼撒半岛联军共三万人与波斯陆军于普拉提亚进行决战，结果此战波斯军大败，只得再次撤回东方。紧接着，以雅典为首的希腊海军反攻波斯，攻进小亚细亚，使小亚细亚诸希腊城邦脱离波斯的统治。

公元前478年，波希战争[1]以双方签订《卡里阿斯和约》而告结束，波斯帝国从此承认小亚细亚之希腊城邦的独立地位，并且将其军队撤出爱琴海与黑海地区。至此，薛西斯的征服梦想彻底破灭。大败而归的薛西斯丧失了斗志，他纵情于酒色之中，亲信小人胡作非为，导致波斯帝国内乱。后来他的宰相阿尔达班谋杀了他，并拥立阿尔塔薛西斯一世为王。

波斯帝国在动荡中沉浮，到了公元前 343 年，阿尔塔薛西斯三世皇帝的军队终于再度征服埃及。但阿尔塔薛西斯三世很快被刺杀，他的儿子阿勒西斯即位不久也被杀害，最后政权落到昏庸无为的末代君主大流士三世手里。

波希战争的胜利使得希腊进入了黄金时期，西方世界的历史中心由美索不达米亚向地中海地区推移，希腊文明得以保存并发扬光大，成为日后西方文明的基础——希腊将继续称霸东地中海数百年，然而，战争带来的负面影响使各城邦军力扩张，引起反复的内部混战，这种

[1] 波希战争是古代波斯帝国（波斯第一帝国，即阿契美尼德王朝）为了扩张版图而入侵希腊的战争，前后持续了半个世纪。战争以希腊获胜、波斯战败而告结束，希腊城邦国家和制度得以幸存下来，而波斯帝国则从此一蹶不振。这次战争对东西方经济与文化的影响远大过战争本身。

混战在之后的岁月中慢慢耗尽了希腊的元气。在绵延数十年的伯罗奔尼撒战争[1]中，希腊城邦两巨头雅典和斯巴达两败俱伤，最后底比斯占据了上风。底比斯有一支很独特的精锐部队底比斯圣队，他们由一百五十队同性恋伴侣组成。这支部队是底比斯军队的精英，他们靠这些同性恋者为先锋，在留克特拉战役中击败了凶悍无比的斯巴达。

底比斯圣队并不是靠朝斯巴达人抛媚眼获胜的，因为真挚的爱情，所以情侣之间配合默契，一旦伴侣死伤，剩下的一个会疯狂地攻击敌军报仇。除此之外，底比斯的重装步兵采取了新的战术队形，他们用厚达五十列的队形冲散了只有十二列的传统斯巴达队形。斯巴达国王和他的卫队全被杀死，底比斯夺取了新的霸主地位。

趁此良机，不起眼的小国马其顿开始崛起。经过一系列战争，马其顿征服了希腊各城邦。

马其顿本是一个希腊文化圈边缘的半开化小国，自从菲利普二世继承王位之后，经过二十多年的励精图治，打造了一个强大的马其顿王国。菲利普二世训练出战斗力很强的“马其顿方阵”[2]并建立了强大的海军。他利用希腊城邦之间的矛盾，在公元前 338 年喀罗尼亚一

---

[1] 伯罗奔尼撒战争是以雅典为首的提洛同盟与以斯巴达为首的伯罗奔尼撒联盟之间的一场战争。第二次伯罗奔尼撒战争从公元前 431 年一直持续到公元前 404 年，其间双方曾几度停战，最终斯巴达获得胜利。这场战争结束了雅典的古典时代，也结束了希腊的民主时代，影响十分深远。战争给繁荣的古希腊带来了前所未有的破坏，导致战后希腊奴隶制城邦的危机，整个希腊开始由盛转衰。几乎所有希腊的城邦都参加了这场战争，其战场几乎涉及当时整个希腊语世界。在现代研究中也有人称这场战争为“古代世界大战”。

[2] 马其顿方阵是一种早期步兵作战时的战术，希腊重步兵方阵的改良方阵。在荷马时代以前，步兵打起仗来像一窝蜂似的杂乱无章，所以，具有严格阵法的马其顿方阵能轻易地打败数量上占优势但较混乱的敌人，这在当时可以说是战术上的创新。

役中大胜希腊联军，连大名鼎鼎的底比斯圣队也在喀罗尼亚战役中被马其顿军全部歼灭。

第二年在科林斯召开的全希腊会议，成立了以马其顿为主导的科林斯同盟，确立了马其顿对希腊诸城邦的控制。

公元前 336 年，菲利普二世在准备进军波斯的前夕死于刺杀。不久后，一位西方历史上最伟大的君王登上历史舞台，他就是亚历山大大帝。马其顿在军事、经济等方面累积的巨大潜力，为亚历山大的伟大征服创造了充分条件。

公元前 336 年夏，马其顿国王菲利普二世在女儿的婚礼上突然被侍卫保萨尼阿斯刺杀，刚满二十岁的亚历山大继承了王位。关于菲利普凶案主谋的谣言在马其顿掀起不小的风浪，毕竟这场谋杀案的凶手在行刺后立即自杀，整个案件成为无头悬案。

乍看起来，波斯的皇帝大流士三世可能是潜在的幕后黑手，毕竟菲利普二世不死的话波斯即会遭遇战祸。不过马其顿国内情况微妙：菲利普二世与喜欢与蛇共眠的奥林匹亚王后感情不和，后来干脆宣布离婚，连带着嫌弃长子亚历山大。他新娶的妻子又生了儿子，这种情况也逼得王后不得不有所举动——夫妻感情和睦很重要啊。奥林匹亚是伊庇鲁斯[1]的公主，保萨尼阿斯也是伊庇鲁斯人。菲利普二世死后，

---

[1] 伊庇鲁斯公国（英语：Principality of Epirus）是位于巴尔干半岛的一个中世纪国家，1204 年，拜占庭帝国垮台，伊庇鲁斯趁机脱离拜占庭的统治，获得独立。但它的统治者们以拜占庭帝国的继承者自居，力求获得与尼西亚帝国和特拉比松帝国同等的合法地位。1337 年，伊庇鲁斯公国被塞尔维亚王国征服，1356 年重新兴起，一直到 1479 年才被奥斯曼土耳其人灭亡。

他新娶的妻子及其幼子，连同娘家的一堆亲戚都被奥林匹亚杀光，这也说明了很多问题。

总之菲利普二世是被潜伏在身边的间谍所杀，而他的死却造就了一位更伟大的君王。

菲利普二世一死，那些臣服于马其顿的希腊各城邦和色雷斯、伊利里亚等地的一些部落纷纷乘机叛乱或宣布独立。年轻的亚历山大首先率军进至巴尔干半岛北部，征服了背叛自己的伊利里亚诸部落，把色雷斯人击退至多瑙河畔。亚历山大出征期间，底比斯人四处散播亚历山大在多瑙河阵亡的谣言，在马其顿国内外掀起了轩然大波。

亚历山大的反应快得出乎底比斯人的意料，马其顿的大军以闪电般的速度出现在底比斯城下。有同性恋圣队保护的时候底比斯都打不过马其顿，更别说现在了。城市转眼就被攻破，亚历山大先是一通抢掠，然后又放了把火把底比斯烧成平地，除了少数与马其顿交好的人外，全部居民都被变卖为奴。

底比斯的毁灭是一剂清醒剂，希腊各城邦望风归降。

连雅典也派代表来抱着亚历山大的腿祈求宽恕，并敬赠亚历山大荣誉市民称号——为了不完蛋，昔日的霸主连一点脸都不要了。

亚历山大并不是对当奴隶贩子和纵火犯有特殊的兴趣，他这样做纯粹是杀鸡给猴看，正所谓不以雷霆手段不显菩萨心肠。转眼间希腊又成为马其顿稳固的大后方，他可以全心全意开始做自己最感兴趣的事情——征服整个东方了。

亚历山大远征波斯的借口[1]正是菲利普二世被谋杀案件，通过这一手也洗清了自己母亲的嫌疑。在出征之前，亚历山大把自己所有的财产全部分赠他人。当时有位将领问他：你把什么留给自己呢。亚历山大傲然答道：希望！

就这样，亚历山大怀着对无穷财富和权力的渴望，踏上了千里迢迢的征程。

公元前334年春，亚历山大渡过赫勒斯滂海峡（即达达尼尔海峡），开始了长达十年的东征之战。

亚历山大用以开始远征波斯帝国的军队由三万名步兵、五千名骑兵和一百六十艘战舰组成。波斯帝国却拥有数十万大军、四百艘战舰。而且波斯帝国面积比马其顿王国大五十余倍，远东古老而富足的美索不达米亚、埃及、犹太和腓尼基等诸多国家已被波斯征服许久。尽管力量悬殊，但亚历山大的军队训练有素，他本人有天才般的军事指挥能力和身先士卒的勇气。反观波斯帝国此时已经四分五裂，大流士三世是个意志薄弱、毫无谋略的昏君。锐不可当的亚历山大渡过赫勒斯滂海峡后初战告捷，他率领着希腊历史上第一支成建制骑兵部队“伙伴骑兵”开辟了向亚洲扩张的道路。

就这样，不少城邦不战而降，甚至把亚历山大视为将他们从波斯人统治下解放出来的救星。

公元前333年夏，亚历山大又在伊萨斯城附近以其著名的“马其

---

[1] 亚历山大东征波斯的借口是：波斯人曾多次入侵希腊、欺侮马其顿，尤其严重的是曾派奸细杀死他的父亲菲利普二世。亚历山大宣称，他东征波斯的目的是：要为希腊和马其顿报仇，要为父王报仇，要解放深受波斯人压迫的各个民族和城邦。

顿方阵”击败了不甘心初战失败的大流士三世。就在亚历山大转而围攻腓尼基城邦推罗期间，大流士三世写信给亚历山大，说愿意以一半的波斯国土、波斯公主和波斯国库为代价求和。亚历山大的将军帕曼纽认为这个建议很好，他说：“如果我是亚历山大，我就采纳这个建议。”亚历山大回答：“如果我是帕曼纽，我也许会采纳这个建议。”

此时，马其顿军队内部产生了厌战情绪，他们认为战果已足够，大可以带着战利品回家乡享乐了。而亚历山大无休无止的进攻欲望令士兵们无法承受，军营中酝酿着谋反的谣言。

亚历山大使出一个诡计，他宣布允许士兵写家信，并许诺派专人送回马其顿。士兵们信以为真，纷纷向家人报平安，他们的信件全被送到亚历山大的手上，通过检查信件亚历山大弄清了内部的反对者，所有那些在信中激烈反对他的人都被遣送回马其顿，这是世界军事史上最早的信件检查制度。

公元前 331 年春，彻底控制地中海制海权的亚历山大率四万步兵和七千骑兵向美索不达米亚进军，在尼尼微附近的高加米拉与波斯展开了最后一场大规模的决定性战斗。

大流士三世经过精心准备，拥有四十万骑兵、二十万步兵、两百辆刀轮战车和十五头来自印度的战象——波斯军队与马其顿军队相比，具有数量上的绝对优势。

在战前，大流士三世不断派出间谍刺探亚历山大的动向，警惕性很高的马其顿军队抓住了不少波斯探子，通过审讯波斯间谍，大流士三世的军队构成和部署情况以及预定战场的地貌特征全被亚历

欧洲古代绘画：亚历山大大帝用自己的斗篷遮盖大流士三世的遗体以示哀悼

世纪浮雕作品：大流士三世在高加米拉战役中逃走

山大知晓——缺乏训练和没有意志力的波斯间谍们反而帮助了马其顿军队。

最终，高加米拉之战依旧以亚历山大胜利而告终，虽然波斯军队损失不大，但是大流士三世临阵脱逃的举动让他所有的手下都对他丧失了信心。波斯的一名总督以防止皇帝向敌人屈膝投降为借口，杀死了逃亡途中的大流士三世，波斯帝国至此灭亡。

波斯帝国的灭亡也标志着美索不达米亚乃至整个近东历史独立发展方式的完结，巴比伦文明近四千年的漫长旅程就此走到终点。

马其顿军队征服了波斯的全部领土，一个横跨欧、亚、非三洲的亚历山大帝国建立了起来。与当初的居鲁士二世一样，亚历山大大帝惊叹于巴比伦文化的魅力，将巴比伦城定为马其顿帝国的首都。但是亚历山大的征服欲望并没有得到满足，他继续挥军进入阿富汗，又从阿富汗穿过兴都库什山脉进入印度。印度对于希腊文化而言是从未接触过的异域，以至于亚历山大的士兵将猴子误认为是印度土人。亚历山大与印度军队作战时，也意外地发现对方使用的大象数量是如此之多，以至于他本人差点也丧命在象蹄之下。经过一番极为艰苦的作战后，马其顿军队才征服了西印度。在这之后，亚历山大还打算征服东印度。但他的军队已经无法忍受，就算是亚历山大拿出所有的金钱奖励、拥抱他们，将武器塞在他们手里也无法使士气振作起来。再加上从少年时代就随同他征战的战马布卢法卢斯暴死，使亚历山大心灰意冷。

公元前 325 年 7 月，亚历山大从印度撤兵。

公元前 323 年 6 月 10 日夜间，亚历山大大帝在自己的首都巴比伦发高烧身亡。关于他的死亡历史上一直众说纷纭，有人认定是由于疟疾，有人则表示这是他手下的将领下毒所致。

亚历山大的远征在客观上促进了东西方的文化交流。在远征前，亚历山大认为只有希腊民族才真正具有开化的文明。随着远征逐步展开，他逐渐认识到，波斯人和希腊人同样具有杰出的智慧和才能，因而思想观念发生了转变，认为各民族应该平等地和睦相处。为了促进希腊和东方各民族的融合，在苏萨一次盛大奢华的“结婚典礼”上，亚历山大亲自带头同大流士三世的女儿斯塔提拉结了婚，许多马其顿的将领都娶了波斯显贵的女儿，同日参加婚礼的人有一万对之多。

在结婚典礼上，亚历山大郑重宣布：马其顿人与亚洲女子结婚可以享受免税权利，他还亲自馈赠给新人们礼物以示鼓励。他下令让三万名波斯男童学习希腊语文和马其顿的兵法，打算组建以希腊化波斯人为主体的军队，在未来征服整个世界。

亚历山大去世以后，希腊文化依然在亚洲得到不断传播。历史学家称此现象为“希腊化”文化，将自亚历山大去世起到埃及被罗马征服为止这三百余年的时间称之为“希腊化时代”。

亚历山大死后，他的帝国也随之瓦解。

由于没有指定继承人，马其顿那些野心勃勃的将军们群起而攻，他们杀死了亚历山大的母亲和妻儿以消灭合法继承者，随即展开了长达四十余年的继业者战争，亚历山大的帝国最后分裂为以马其顿—希腊为中心的卡山得王朝、占据中亚的塞琉古王国和占据埃及和叙利亚的托勒密王朝。

至此为止，古希腊的辉煌历史宣告结束，巴比伦城也早已化为荒原中的土丘，很快，随着罗马的崛起，昔日亚历山大帝国西部的希腊化地区又被罗马吞并。

公元前 64 年，罗马消灭了塞琉古王国的最后残余势力，美索不达米亚就此从属于罗马帝国。公元 7 世纪，阿拉伯人入侵并统治美索不达米亚。虽然其后又经历了一次又一次的异族入侵和统治，但阿拉伯人一直居住于此。

几度沧海桑田之后，昔日美索不达米亚壮丽的城市、巍峨的神庙，还有那些强有力的君王，都化为两河之间的黄土，晴空烈日之下，平原上依旧是麦浪滚滚椰枣婆娑，只是巴比伦早已不在，只听到伊拉克人的牧歌悠扬……

第二章

生活在古巴比伦

两千五百年前，古希腊人希罗多德乘船环游“世界”。在他的时代中，“世界”指的是地中海文化圈。

希罗多德出生于小亚细亚西南海滨的古城哈利卡纳苏一个名门望族之家，自幼受到良好教育。自从卷入城邦政治旋涡被放逐之后，希罗多德开始了一段跨越欧亚的漫长游历。他一边经商一边旅行，并将自己的所见所闻一一记录下来。希罗多德写下的这部著作名叫《历史》，这部著作宛如古代地中海世界的“百科全书”。希罗多德在其中记录了自己游历过程中见识到的西亚、北非以及希腊等不同文明区二十余国度的山川河流、奇风异俗以及各民族的生活方式，书中提及的地理环境、民族分布、经济生活、政治制度、历史往事、风土人情、宗教信仰和名胜古迹等内容，成为后世了解过去的一面镜子。

关于巴比伦的传说正是通过《历史》这部著作开始广为人知的：兴盛繁华的巴比伦城、旖旎多姿的空中花园、神秘奇幻的宗教史诗……书中所描述的一切，都令地中海另一边的希腊人为之神往。

在希罗多德之后，波利比乌斯、斯特拉波等古罗马学者的作品中也出现了对巴比伦的描写，在这些不乏夸大其词的作品中，描绘的是一个繁华如梦的东方古国。那些对巴比伦的文化、经济、宗教、建筑和习俗的描述文字编织出一场白日梦，也给古代欧洲留下了充满误解的历史碎片。直到现代考古学破译了楔形文字并发掘出考古证据之后，一个真实的巴比伦才徐徐展现在我们眼前。

第一节

泥版里的世界

公元 15 世纪，意大利人巴布洛来到古波斯南部旅游。

巴布洛来到古城设拉子附近时，在古代寺庙遗址的墙壁上发现了一些奇形怪状的符号。这些符号的共同特点就是全都有一个尖锐的三角形尖头，单独看起来，它们有些像钉子，有些像打尖用的木楔；有些横卧，有些斜放；有些尖头朝上，有些尖头朝下……

巴布洛虽然看不懂这些符号表达的意义，但认为这一定是某种古代的记录符号，也就是某种失传的文字。当他返回意大利将此事告诉他人以后却被当成骗子，欧洲人没有意识到这就是美索不达米亚的古老文字。

一个世纪后，意大利古董商人比埃罗·德拉·瓦莱来到设拉子，再度发现这些符号，瓦莱选择了几个符号临摹并保存了下来。当他抵达伊拉克，又一次在古代遗址中发现刻在泥版上的同样符号后，他断定这应该是古代西亚人的文字，于是他携带刻有这种符号的泥版返回欧洲。瓦莱的运气比巴布洛强很多，他的发现引起了欧洲文化领域的强烈兴趣，此后“楔形文字”这个概念也随之诞生。

波斯贝希斯敦铭文

乌鲁克文化晚期原始
状态的楔形文字样例

拉丁文的“楔形文字”一词直译过来就是“楔子形状”的意思，在此后两百年间欧洲人不断自两河流域发现此类文字，可除了继续称呼它们为“楔形文字”以外，其他进展依旧是“两眼一抹黑”。

1802 年，德国哥廷根一位中学希腊文教师格罗特芬德在聚会上喝多了酒开始吹牛，他声称自己能破译楔形文字，结果可想而知，被大家嘲讽了一番。大受刺激的格罗特芬德为了证明自己，一怒之下立下了赌约。

第二天，酒醒后的格罗特芬德开始后悔自己的冲动了，为了名誉他硬着头皮开始研究几份波斯的铭文摹本，希望能找到破译线索。在多次尝试后，格罗特芬德以波斯王的名字和头衔去套楔形文字的句式时获得成功，十个波斯楔形文字终于被破译出来：“薛西斯，宇宙四方之王，国王大流士之子”——这是楔形文字被破译的开端。

1835 年，身为波斯库尔德斯坦省总督军事顾问的英国军官亨瑞·罗林森来到波斯小镇贝希斯敦附近游览，他在这里见到了距地面五百余米高处的大流士一世岩壁所雕刻的浮雕和文字，这段铭文由楔形文字、新埃兰文和古波斯文三种文字书写。亨瑞·罗林森意识到自己发现了破译楔形文字的敲门砖——古波斯文字与现在的波斯文字有直接的传承关系！从此，这位英国人付出十六年的光阴，历尽艰辛成功翻译出了这篇由三种语言书写的铭文——他的努力没有白费，楔形文字破译的大门正式开启了。其后不断有学者加入破译队伍，新巴比伦和亚述时代的楔形文字率先被破译，其后人们读懂了古巴比伦和阿卡德时代的楔形文字，最后，五千年前最原始的苏美尔楔形文字也被解读了出来。

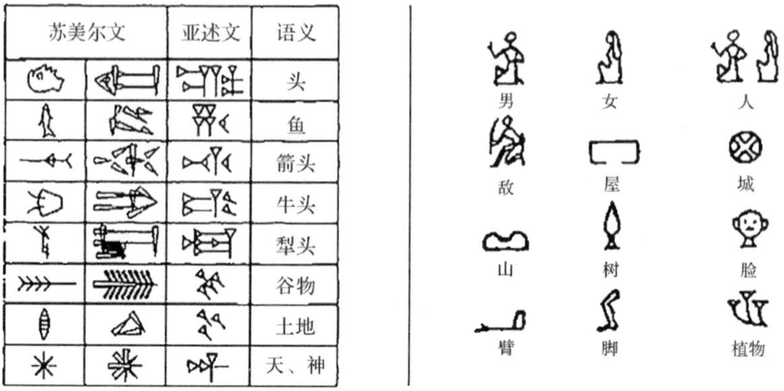

各种象形符号对比图

楔形文字的成功破译，打开了认识美索不达米亚历史和文化的大门。数百年间在两河流域出土的数十万块用楔形文字写成的泥版也随之被解读研究，人们终于看清了尘封数千年之久的巴比伦文化真貌。

泥土中的文字

人类不同文明文字的起源大致上都是相似的，基本都是先出现直观表达对自然界感受的象形图画符号。例如原始洞穴中的猎人在记录一头牛时就简单地勾勒出它的轮廓，后来猎物越来越多，来不及画出整头牛，便以一对牛角代替牛，这个过程就是简化图形以部分代替整体。随着符号越来越概括，意义也逐渐引申，象形文字慢慢就发展成表意文字。

楔形文字的发展同样经历了从符号到文字的过程，这种钉子一样的锐角字形是由于书写工具的特点决定的：当公元前3000年左右苏美尔人创造出文字时，他们普遍使用芦苇秆或细木棒在湿泥团上从右到左、自上而下地以按压抽离的方式书写，按压的地方留下比较宽和深的印痕，抽出时留下比较细和窄的印痕，于是整个文字开头粗末尾细，自然变得像木楔一样了。就拿“牛”这个字来举例，最早期的牛字由一对V形牛角和一个三角形牛头构成，好似一个正对着书写者的牛头，牛角粗牛嘴细构成所谓“楔形”。

就这么写了大概两百年后，苏美尔人逐渐意识到这样做有个非常讨厌而且难以克服的缺点：已经写好的字会被写字的手不小心蹭到，软烂的泥版非常脆弱，一不留神楔形文字就变成了“花体字”。于是人们拍脑袋想出了一个办法：咱从左到右横着写不就完事了么？写字的手就算碰到泥版也是在没写字的那部分啊！于是牛字就地躺倒，粗的牛角那头朝左，细的牛嘴那头朝右依旧构成“楔形”。又过了两百年，大伙觉得楔形文字的笔画太烦琐实在吃不消，能不能用比较简洁的笔画表达复杂的意思呢？于是大家决定使用简化字，例如用一只碗加一横表示食物，如果再给它旁边加上一颗人头的话就是吃饭。这时牛字也顺理成章变成左边两条平行直线加右边一个三角形，它继续演化下去，最终变成了类似两条平行直线加一根竖线结构的样子。

就这样，楔形文字一路简化并且逐渐抽象，成为整个美索不达米亚以及周边地区通行的文字系统。

苏美尔人在解释楔形文字的诞生时大致采用了三个不同的故事，其中一个来自史诗故事《恩美卡与阿拉塔之王》，里面描述乌鲁克第一王朝第二位国王恩美卡为了给伊南娜女神修建神庙，派遣使者到相隔七重大山的国家阿拉塔索取金、银、天青石和木材等原材料的经过。

阿拉塔王认为他与恩美卡非亲非故，连老乡都算不上，自然不肯平白将这些贵重物资拱手相送。恩美卡决定制服阿拉塔之王使之变成自己的附庸，但他不想发动战争而采用了精神洗脑的方式。于是在神的授意下，人类历史上第一次“心理战”就在两国君主之间上演。恩美卡派出乌鲁克最为能言善辩的使者到阿拉塔去表演“脱口秀”，但是，阿拉塔之王不甘示弱地提出一个又一个条件来刁难恩美卡，一次次穿梭于两国之间扮演传声筒角色的使者最后崩溃，“使者嘴沉重，不能复述之”。于是恩美卡在一块软泥上写下自己的话，让使者带给自己的辩论对手，结果“阿拉塔之王把泥版仔细看，言辞钉子般，面容怒气现”——楔形文字和泥版就此诞生了。

这个传说很有趣，却存在一个逻辑上的矛盾点：如果文字真是由恩美卡发明的，身为“文盲”的阿拉塔之王又怎能看得懂呢？

关于文字起源的第二个传说反映在苏美尔神话《伊南娜与恩基》里，它讲述了乌鲁克的保护神伊南娜从父亲智慧之神恩基那里骗取“文化财产”启蒙众生的故事。

伊南娜不忍心看到自己的人民生活在愚昧混沌状态中，于是她来到埃利都城找到父亲恩基。恩基当然猜到女儿的来意，可自己闺女上门总不能拒之门外，于是他置办酒宴招待女儿，打算好吃好喝招待之后把女儿的请求婉拒。没想到恩基在酒宴上喝大了，一时脑热把原本不想给伊南娜的文化财产都交了出去，其中就包括“书写手艺”这一项。伊南娜既然得手，立刻抛下喝醉的父亲返回乌鲁克，

泥版上的伊南娜女神像

恩基酒醒之后发现自己的至宝文化财产全部不见了，一拍大腿说："坑爹啊！"追悔莫及的智慧之神派遣手下的大臣伊伺木德率领山妖海怪追赶。然而聪明的伊南娜连续摆脱了六次追踪之后，安然返回乌鲁克，从此文明的火种在乌鲁克城大放异彩。

第三个关于文字起源的故事来自《巴比伦尼亚志》，它讲述了半人半鱼的神之使者欧阿涅斯在巴比伦附近的爱里顺海海滨登陆，先民们见到这位上半身是人下半身是鱼的怪异来客惶恐不已。欧阿涅斯招揽安抚茹毛饮血的原始居民，教会他们说话写字。接着又将各种知识技艺传授给人类，他告诉大家如何在泥土里播种，如何建立泥砖城市和取悦神灵的神庙，如何建立法律制度约束人民的行为。

当启蒙使命完成之后，神使欧阿涅斯便一个猛子扎进海里再也不露面了……

最早的楔形文字都是一个符号同时具备形、音、义的表意字，当阿卡德人接触到苏美尔人的楔形文字后，他们将文字改为由四个元音和其他元辅音结合的音节符号，以适应自己的语言。为了使符号更准确地表达阿卡德语，他们给许多音节符号增添新的音值，这就完成了楔形文字由表意字转为音节符号的第一次质变。

楔形文字继续在西亚和西南亚地区传播，自公元前 30 世纪中叶起，埃兰人开始借用阿卡德楔形文字来书写文件，这种埃兰文变得越来越语音化，与此同时，居住在小亚细亚的赫梯人也开始使用楔形文字。到公元前 1500 年时，叙利亚的乌加里特人在楔形文字的基础上发展演化出一种楔形字母文字。这种乌加里特文字是近东地区最古老的字母文字，总共由三十个符号组成，这是楔形文字的第二次质变。

在新巴比伦尼布甲尼撒二世时期，楔形文字差点被阿拉美亚人传来的腓尼基字母取代。

新巴比伦时代的楔形文字拥有六百余个字母，掌握这种复杂的文字需要经过大量艰苦的学习，而商业的繁荣使得记账工作相当繁重，所以商人们开始抛弃楔形文字，转而使用可以书写在各种材质上的腓尼基字母。此后，腓尼基字母迅速在原本不能读写的人群中流行，而巴比伦的知识分子和祭司们却对这种字母持有强烈的排斥心理——毕竟这意味着他们失去了垄断知识的优势地位。

当波斯人崛起之后，他们在亚述 - 巴比伦楔形文字基础上创立了古波斯楔形文字，这是楔形文字的最后一种变形。波斯人采用了巴比伦楔形文字的外形和音节，但在其他方面有极大差异性。古波斯文是一种不彻底的字母文字，它由三十六个字母符号组成，其中包括三个元音符号和三十三个音节符号。在较晚时期，又出现了几个表意符号。当波斯帝国被亚历山大消灭之后，这种主要用来记录公文的楔形文字也随之淘汰。

诸神的伊甸园

从楔形文字诞生的传说来看，苏美尔人与后世的历史学家们一样对自己为何能在荒芜干旱的两河流域建立起如此伟大的文明感到困惑不解，只能归结于神灵的伟力和恩赐。在漫长的岁月中，美索不达米亚的居民想象出和人间一样拥挤的神灵世界——神与人一起居住在这最初的伊甸园中。在远古先民眼中，两河流域严酷的自然环境是万千神魔造就的结果：西方沙漠刮来的沙尘暴是一个恶魔，它会给反对自己的敌人制造巨大的痛苦；黎明时群山之巅闪闪发亮，那是守护太阳的蝎神头顶的光环；荒芜干渴的荒原上行走着无数的幽灵和魔怪，所有被它们盯上的旅人都会在劫难逃……

在这种朴素的想象力下，美索不达米亚南部最原始的混沌洪水之神阿普苏和提阿马特便诞生了：

当时的苍穹还没有名字，大地也没有称呼。唯有阿普苏创造了这一切，姆摩、提阿马特是它们的生母，它们的诸水汇成一体。

苏美尔人正是通过掌握灌溉技术逐步创建出文明，汹涌的洪水变成供人畜庄稼畅饮的甘泉。因此，他们认为造福世间的水源自善良的淡水与智慧之神恩基，苏美尔式的恩基神像总是以手捧涌出两股水流的宝瓶形象出现，这是苏美尔人对水这种神圣自然力崇拜的表现。

有善就有恶，苏美尔人将所有无法抗拒的自然灾难和疾病死亡都归结于恶魔作祟的结果。其中最典型的如藏身于美索不达米亚西部山区的几位“安努之子”：可怕的女魔头拉玛什图总是威胁着孕妇的安全，还时常抢走襁褓中的婴儿魂魄；瘟神纳姆塔鲁是死神的使者，他一路散布可怕的疫病灾难收割大地上的生命；在家时要时刻留神门旁和房间黑暗角落有没有蹲伏着幽魂拉必苏；男子夜晚睡眠时则要提防女妖利提吐的侵袭，万一中招与其在梦中交媾，就会生出可怕的无头怪物阿鲁和伽鲁……

在苏美尔神话的成熟期，其主要神灵表现出创世和繁殖这两大主题，契合了从事农业和畜牧业的苏美尔民族对创造和发展的渴望。苏美尔人认为世界分为高天、地上和冥府三部分，占据统治地位的是天神安努和天后安图姆。安努的至高神地位在亚述时期被阿苏尔代替，在巴比伦时期又变成了马杜克，安图姆则变成了母亲和爱情之神伊丝塔。

在苏美尔神话里安努夫妇只是象征性的至高神，绝大多数的神灵都和人类一起挤在喧嚣热闹的地上，过着红尘俗世里的生活。这些神灵有地神恩利勒、水神恩基、母亲神宁胡尔萨格、南风神尼努尔塔、月神辛、牧神杜穆济等形象，其中众神之首是掌管大地、天气、风暴、战争的恩利勒。

恩利勒是安努之子，他们父子分别担任天空之神和大地之神。恩利勒在“天地之纽”尼普尔将天空和大地分开之时，撕裂造成的伤口长出肉来形成最初的人类夫妻安乌雷伽尔拉和安乃伽尔拉，这个伤口处后来成为尼普尔城的乌兹牟阿圣堂，也就是说恩利勒是人类的造物主。虽然后来他被人类的喧嚣惹怒制造出可怕的大洪水来“洗地”，不过好歹在恩基的劝说下又召回了洪水，这才让乘船漂荡七天七夜的祭司国王鸠什杜拉夫妻俩和船上的动植物得以幸存下来。

苏美尔的乡亲们相信自己种地的锄头正是由恩利勒发明并恩赐给人类的，他老人家教会苏美尔人如何种地，大家有饭吃以后生存得到了保证，寰宇变得欣欣向荣。世界每一个城市的繁荣都有赖于他赐予的祝福，那么怎能不虔诚敬仰他呢？相传乌尔城的守护神月神辛曾乘舟满载礼物去尼普尔拜见恩利勒，她的礼物换来了恩利勒对乌尔幸福繁荣的祝福，这个传说背后意味着乌尔取得了苏美尔城邦霸主的地位。尼普尔城在苏美尔时代的地位相当于耶路撒冷或麦加，控制这个城市以取得祭祀恩利勒的特殊地位是一个仪式性和标志性的称霸动作。

虽然恩利勒受到如此普遍的崇拜，但他并不是绝对无法撼动的权威造物主。在苏美尔乡亲们的淳朴观念中，人和神之间的区别并不是绝对的，人类君王和神灵之首都会因为犯错受到臣民的抛弃和惩罚。当色迷心窍的恩利勒绑架了美貌绝伦的少女宁利尔之后，这个绑架犯照样被居住在尼普尔的众神抓住并丢进可怕的冥界接受惩罚。无独有偶，淡水与智慧之神恩基也曾因行为不检点遭受磨难。

恩基拥有完美的“男神”形象，在他身上一切真善美与智慧合而为一。众神无不为智慧的恩基欢呼喝彩，大家交口夸赞他的伟大功绩。人类对慈父般的恩基感恩戴德，世界各地都在夸赞他的仁慈和慷慨。就在恩基受到万众拥戴气势如虹之际，他的家庭却忽然后院起火，闹出了天大的乱子……

恩基的原配夫人是大地母亲神宁胡尔萨格，夫妻俩生下了绿茵女神宁萨尔。这一对夫妻原本感情和睦，不想却因为宁胡尔萨格培育出八种新植物而决裂了。恩基自以为所有植物都有赖于自己带来的生命之水而生，于是不等创造者宁胡尔萨格同意便自行派遣使者采摘并逐一品尝一番。宁胡尔萨格对此极为恼火，结果两口子一顿争吵之后，女主人离家出走，再不回来了。宁胡尔萨格离开之后，恢复单身的恩基却搞出一连串的丑闻事件：他与自己的女儿宁萨尔生下了丰饶女神宁古拉，又与宁古拉生下蜘蛛女神乌特图，等到他想向乌特图出手时，对恩基的行径极为不齿的蜘蛛女神决定反抗，她去向自己的曾祖母宁胡尔萨格求救。

宁胡尔萨格知道这些事情后怒不可遏，打算狠狠惩罚恩基这个混账负心郎。她先是告诉乌特图只要远离河岸就可以不被恩基掳走，接着在河边种下八颗特殊的种子，这些种子瞬间长大并结出鲜艳美丽的果实。

当恩基看见河边的果实后，没多想便摘下来吃，结果瞬间中毒，他身上的八种器官都快速衰竭，这位伟大的智慧之神竟然眼看就要死去了！

恩利勒听说这消息后率领众神来到恩基身边却又无计可施，因为这“洁净、无秽、光明”的原初世界从没有疾病和死亡的概念。大家平日多受恩基的恩惠和照顾，现在大家空为神灵却毫无办法，只能默然垂泪。正在此时，一只雌狐蹭到造物主身边。恩利勒心里正没好气，本来打算一脚将这没眼色的东西踢开，没想到那狐狸竟然说自己知道怎么拯救智慧之神！恩利勒一听顿时来了精神，便吩咐雌狐赶紧想办法。雌狐一溜烟跑到宁胡尔萨格身边，将恩基的惨状添油加醋地告诉大地之母。毕竟夫妻一场，宁胡尔萨格听说老头子马上就要死去时也暗自感觉自己做得过火了。于是宁胡尔萨格按照雌狐的建议，饮下恩基的生命之水，生下生命女神宁提——这个词与“肋骨”同音，而恩基全身最脆弱之处也正是肋骨。

宁胡尔萨格带着宁提来到恩基身边，逐一询问恩基的八种症状之后，吩咐宁提逐一恢复了恩基体内衰败的八个器官。

逃脱死亡惩罚的智慧之神终于反省到生命在水和土的结合中被创造而出，过多过少都会酿成恶果，维持平衡才是正确的法则。恩基设法挽回了宁胡尔萨格的心，淡水与智慧之神和大地之母再度聚在一起，世界恢复了有序的发展，大地再度走向丰饶……

这个神话故事直接影响了《圣经》中上帝抽出亚当肋骨制造夏娃的情节，只是在希伯来语中肋骨和生命一词并不同音，所以没有像苏美尔神话这般利用谐音令读者心领神会了。

苏美尔人的神话大多是天马行空的想象，但并不是完全找不到真实存在过的历史原型。例如他们反复提及的那场差点毁灭人类的远古大洪水，这场大洪水通过《圣经》的收录而流传后世。这次灾难并非凭空虚构，现代考古学家已经在乌尔城发掘出特大洪水袭击的证据。无独有偶，苏美尔人的神话史诗《吉尔伽美什》也被认为是对苏美尔早期历史上真实存在过的英雄国王的神话演绎。“三分之二是神，三分之一是人”的吉尔伽美什是人类英雄卢加尔班达与女神宁孙之子，乌鲁克的第五任国王。这位大约生活在五千年前的国王是个无比聪明却又作恶多端的统治者，他凭借权势欺男霸女纵情享乐，又强迫居民构筑城墙修建庙宇。繁重的劳役害得人民痛苦不堪，乌鲁克国土中怨声载道。

乍看起来吉尔伽美什和中国古代传说中的商纣王差不多，不过苏美尔人没地儿去请姜子牙出山，只能向天神安努祈祷让他惩罚国王。安努回应了地面上苦难的人民，吩咐女神阿鲁鲁用泥土造出浑身长毛半人半兽的勇士恩奇都去教训吉尔伽美什。

吉尔伽美什事先派出神妓对恩奇都施展美人计，仍然不能避免这位勇士闯进乌鲁克城。两人相遇后，各自使出全部本领搏斗，结果不分胜负，两人都佩服对方的勇敢，于是结拜为友，恩奇都还顺便拜女神宁孙为干妈，承诺一定保护吉尔伽美什——乍看起来天神安努原本派给这位勇士的任务算是泡了汤，但是吉尔伽美什经过这番磨难却也醒悟过来不再为非作歹，他和恩奇都一同巡游各地，讨伐恶魔为人民造福，成为人人爱戴的英雄：

吉尔伽美什与恩奇都同心协力，砍死了森林中的喷火怪兽芬巴巴，打死了沙漠中凶恶的食人雄狮。环顾美索不达米亚，两英雄发出得意的呐喊：“还有谁不服？”正在这时，吉尔伽美什听到乌鲁克城中传来一声叹息——这是丰收、爱情、生育和战争女神伊南娜在对着一株巨大的“弗鲁普树”发愁。在这里解释一下：弗鲁普这个词听起来相当神秘，但其实就是一棵大柳树罢了。这棵柳树被南风吹倒后沿着幼发拉底河漂流，伊南娜见到后便将它捞起来移栽到乌鲁克神苑中。女神此举并不是慈悲心肠普度众生，而是相中了这棵树的木料打算用来打家具——她早已规划好用这棵树打一张床外加一套椅子。

柳树在神苑中茁壮成长，却没想到这棵高大茂盛的树木引来了可怕的敌人：先是巨蛇溜进来在树根做窝，又飞来连雷神都奈何不得的鵩鸟在树梢筑巢孵卵，树干部分则成为女妖莉莉特的宅邸。伊南娜自觉无法同时与这三个敌人开战，只得眼看着柳树被占。这时吉尔伽美什来到树下，一斧头砍掉巨蛇的头颅，又赶走了树梢上的鵩鸟，莉莉特从树干中探头看到这位凶神恶煞般的英雄也吓得躲进沙漠里去不再回来。障碍都被清除，乌鲁克人在吉尔伽美什的吩咐下将大树砍倒交给伊南娜打造家具。感激涕零的女神用这棵树的树根做成鼓，将树梢做成鼓槌，送给吉尔伽美什作为礼品。

从此后吉尔伽美什成为天上人间无人不知的英雄，而伊南娜的心里也全都是吉尔伽美什雄壮的身影，终于她耐不住相思之情降临在心上人面前说："请做我的丈夫吧，吉尔伽美什！我会为你打造黄金和宝石装饰的战车，套上风暴精灵变化的骡马。世上所有的贵族国王都将跪倒在你的脚下，你的土地上将无时无刻不处于丰收富饶的时光！而我们将住在充满杉树芳香的家里，享受美妙幸福的爱情！"

伊南娜心里情意浓浓，却不料换来了吉尔伽美什的冷脸。原来苏美尔人都知道伊南娜是个水性杨花的偏执狂，她最出名的事迹就是害惨了自己的前夫牧神杜穆济：话说伊南娜忽有一日打算成为冥府之王，于是她自称是"上天的女王"不顾劝阻执意进入地下世界。问题是冥府本来就由伊南娜的姐姐埃雷什基伽尔掌管，她又岂能允许任性的妹妹来挑战自己的权威？于是这位冥府女王吩咐手下的七个法官做好准备，在伊南娜迈过地狱七重门时她的王冠神衣护身符等逐一剥落，赤身裸体失去力量的伊南娜最后蹲在姐姐的王座前，毫无反抗能力地被姐姐"死亡的目光"变成了挂在墙壁木桩上示众的一具尸体。虽然恩基利用冥府规则的漏洞制造出无性别的神使进入冥府救活了伊南娜，但埃雷什基伽尔提出除非能找到替代者否则决不放妹妹返回人间，于是伊南娜立刻想到一个合适的替死鬼：自己的老公杜穆济。伊南娜带着冥府索命的魔怪前往乌鲁克城时，杜穆济正坐在王座上大搞派对欢庆自己重获自由身呢！气急败坏的伊南娜立刻向措手不及的杜穆济投去"死亡的目光"，可怜的牧神不由分说便被魔怪们拖下了地狱……

牧神并不是第一个被伊南娜坑惨的爱侣，吉尔伽美什历数伊南娜过往那些情人的悲惨遭遇，表示自己决不会重蹈覆辙迎娶一个反复无常的虐待狂女神。

吉尔伽美什说得没错，伊南娜是个酷爱虚荣、性格执拗、偏执极端的女神。但正因为如此，她转眼间就会因爱生恨，毁掉自己得不到的东西。伊南娜升上高天，来到自己的父亲安努面前要父亲派出可怕的天牛去消灭不识抬举的吉尔伽美什。天牛来到人间制造了很多灾祸，但吉尔伽美什和恩奇都打败了它。伊南娜愤怒地跳上乌鲁克的城头诅咒吉尔伽美什和恩奇都，愤怒的恩奇都将天牛的大腿掰下来丢到女神脸上威胁说：如果你被我抓住就会变得和这头牛一样！

伊南娜逃走了，苏美尔众神对这两个不断反抗神灵的人类感到恐惧，他们召开会议决定一定要给吉尔伽美什和恩奇都惩罚。当天晚上喝完庆祝胜利的美酒之后，恩奇都在梦中见到众神商议究竟毁灭自己和吉尔伽美什中的哪一个。这个勇敢的汉子立刻说：恩奇都该死，吉尔伽美什可以留下！醒来后的恩奇都将这个梦告诉吉尔伽美什后立刻病倒，他很快死在泪如泉涌的朋友怀里。吉尔伽美什对恩奇都的死亡万分悲痛，他感受到死亡的可怕，立志寻求不死的方法。翻山过海历经艰险之后，他终于找到了自己的祖先乌特那匹什提，这位乌特那匹什提本是凡人却获得了与神灵一样的永生。

乌特那匹什提告诉吉尔伽美什关于史前大洪水的往事，并且说在大海深渊中有一种返老还童的仙草，吉尔伽美什听后毫不犹豫地跳入大海，终于寻获仙草。在返回乌鲁克的归途中，吉尔伽美什在一眼泉水中洗澡，这时放在岸边的仙草被一条老蛇偷吃，那老蛇吃草后立刻蜕皮变得年轻且精神焕发。

吉尔伽美什灰心丧气，无可奈何地回到乌鲁克城，在绝望中他更加思念亡友恩奇都。这时安努出面干预冥府的法则，终于让他与恩奇

《吉尔伽美什》中记载大洪水故事的泥版残片

任性蛮横的伊南娜女神常常与狮子一同出现

都的幽灵见面。这一对苦难的朋友在拥抱之后，吉尔伽美什从恩奇都的口中听到死亡世界的恐怖，也终于明白按照大地的法则人是不能永生的。顿悟后的吉尔伽美什返回了自己的都城，他用自己的睿智指引乌鲁克人走向繁荣富强。九百年后，这位伟大的英雄国王离开了人世，他和挚友的英勇事迹刻在泥版上被后人传唱。

苏美尔人歌颂吉尔伽美什知错能改，从暴君变成英主；苏美尔人羡慕他和恩奇都勇气非凡，英勇反抗众神的不公；苏美尔人同情这一对挚友被死亡分离的苦难，痛惜他们永失携手战斗生活的快乐时光；苏美尔人钦佩吉尔伽美什的坦荡洒脱，接受凡人的宿命潇洒走完一生……

透过写满楔形文字的泥版，苏美尔人为后世留下了充满勇敢、自由、骄傲、执着、长情和顿悟的神话史诗。这段人类最早的传奇跨越五千年时光，依旧让读者震撼不已。到了巴比伦人的时代，苏美尔的神灵依旧受到崇拜，但苏美尔的神话已经发生了很多改变，两河流域进入苏美尔－巴比伦神话时代。巴比伦人创造出三位一体的神灵模式，最高神由天神、地神和地下水神构成，其中天神依旧是安努，地神则由恩利勒变成了贝尔，水神由恩基变成了埃亚，这三位神灵组成一个类似家庭结构的权力体系，通过容易理解的自然三合一来解释神灵体系。这种三位一体的神学设计极大地影响了犹太教和基督教的发展，尤其是基督教的圣父、圣母和圣子三位一体设计，正是由此而来。

在这一时期，对吉尔伽美什因爱生恨的伊南娜的形象逐渐变成了爱情和战争女神伊丝塔。伊丝塔在闪米特人神话中拥有极为特殊的地位，她逐渐融合其他所有女神的功能和特点，伊丝塔这个名字成为美索不达米亚地区称呼女神的专用术语，在两河流域的艺术中以带条幅的门柱或是八角星来作为伊丝塔的象征。从古巴比伦时期开始，伊丝塔的父亲从天神安努变成了月神辛，而辛则成为安努之子，也就是说伊丝塔从天神之女变成了天神之孙女。辛在巴比伦时代的地位非常有趣，他的浮沉引发了新巴比伦时代的政治巨变。

辛是巴比伦尼亚的乌尔城守护神，也是亚述地区哈兰城的守护神。他的标志是一轮新月，美索不达米亚的居民认为月神每天乘着新月形的轻舟游览天空，后来这个标志被伊斯兰教所继承。

辛的孩子们除了大名鼎鼎的伊丝塔之外还有西帕尔和拉尔萨两城的守护者——太阳神沙玛什。人们相信阳光之下任何阴暗都无所遁形，因此沙玛什也就成为洞察一切的光明之神和正义之神——正因为如此，《汉穆拉比法典》石碑上才会刻着沙玛什将法典授予巴比伦之王的内容。

此外，雷神阿达德也非常受闪米特人的崇拜，在马里王国他被视为地位最高的主神，古巴比伦也将其视为稳坐主席台前三排的神界领袖之一。为何这位雷神会受到特殊对待呢？这是因为在巴比伦时代雷声被视为是春雨到来的信号，所以阿达德被称为“天上人间洪水闸门的控制者”。除此之外，他还被称为“丰收和富裕之主”。雷声滚滚之后，暴风雨之神尼努尔塔也就粉墨登场了。这位神灵在苏美尔时代被称为“宁吉尔苏”，是吉尔苏城的守护者。到了古巴比伦时代，尼努尔塔与恩利勒的形象逐渐融为一体。在巴比伦尼亚，尼努尔塔是授予君王必胜武器的战神；在亚述，尼努尔塔是伟大的斗士和狩猎之神。尼努尔塔的妻子是医疗女神古拉，她在两河流域的艺术品中常常带着一条狗一起出现，据推测很可能是狗舔伤口的动作被视为治愈的象征。

冥王和瘟疫之神勒伽尔是“幽灵的聚集地”库塔赫城的守护神，这位神灵经常以强悍凶恶的形象出现，但天可怜见，他本是人间的英俊之神，因为公干被派遣进入冥府出差，就此踏上了永久的单程旅行。智慧之神埃亚在勒伽尔临行前反复告诫他，千万不要被冥府女王埃雷什基伽尔所诱惑，更不能参加冥府的酒宴。勒伽尔拍着胸脯说没问题，进入冥府后就被埃雷什基伽尔的美艳迷得神魂颠倒，他把埃亚的吩咐抛到九霄云外，乐呵呵地上了酒桌与冥府女王杯盏交错，接着又与东道主大被同眠缠绵了六天。等到第七天勒伽尔想走走不了了，埃雷什基伽尔要求他对自己负责，于是叫天天不应叫地地不灵的勒伽尔只能乖乖做了冥府的东床快婿，与妻子埃雷什基伽尔共同统治死亡的国度。

除了苏美尔传统神灵之外，从公元前 20 世纪后期开始，不同民族的民族之神也开始崛起，其中最有代表性的就是巴比伦人信仰的马杜克和亚述人信仰的阿苏尔。但是与一般人想象的不同，古巴比伦并没有将自己的守护神马杜克强加给被自己控制的其他美索不达米亚城市。即使是在汉穆拉比征服了当时的宗教中心尼普尔城之后，也没有产生故意拔高马杜克地位的念头，在汉穆拉比时代马杜克在神界的排名一直处于安努和恩利勒之后。但巴比伦帝国的建立不可避免地造成巴比伦守护神的地位开始后来居上，而其他古老的苏美尔神灵逐步沦落到从属地位。就这样随着巴比伦神话体系的成熟，马杜克一步步走上了众神之王的地位。

在亚述人统治时期，亚述人崇拜的部落神和民族神阿苏尔上升到国家的正式守护神。亚述帝国的一切都带有浓厚的军事色彩，主神阿

代表天神“安”的苏美尔楔形字（乌尔第三王朝字体）

大英博物馆藏，公元前9世纪的亚述沙玛什神像

苏尔也是战争之神和战士之神，他陪伴亚述人奔赴战场，赐予他们胜利的荣耀。除了掌握战争之外，通常被描绘成一个带翼圆盘，或骑在公牛背上，或飘于空中，以尚武形象出现的阿苏尔还是丰饶之神和风雨之神。

从巴比伦神话可以明显看出源自万物有灵观念的物神崇拜痕迹，神灵除了人类形象外还有具有代表性的动物形象：天神安努是牛、女神姑鲁是狗、马杜克是公牛……随着灌溉技术的需要，从苏美尔时代开始的天文学研究产生了丰硕成果，巴比伦人将七位主要神灵与天上的星宿联系起来：沙玛什的象征是太阳、辛的象征是月亮、涅尔伽的象征是火星、纳布的象征是水星、马杜克的象征是木星、伊丝塔女神的象征是金星、尼努尔塔的象征是土星。随着时间的推移，这七位神灵又成为一周七天的代表，周日属于太阳沙玛什，周一属于月亮辛，周二属于火星涅尔伽，周三属于水星纳布，周四属于木星马杜克，周五属于金星伊丝塔，周六属于土星尼努尔塔——这一观念经由犹太人和腓尼基人传递到四方，西方世界里关于一周七天的名字正是因此而来。

苏美尔语中的马杜克指的是“太阳神的小公牛”，在古巴比伦时代每逢新年的第四天，祭司们会开始吟唱歌颂巴比伦城守护神的史诗：马杜克是智慧之神恩基和达姆基娜之子，“产生于纯净的阿普苏”。但这头小公牛却是因战争而生的：万物之父、混沌洪水之神阿普苏和万物之母提阿马特生育了数代天神，这些晚辈天神日夜吵闹不休，让阿普苏和提阿马特无法入睡。忍无可忍的阿普苏打算杀死这些不听话的熊孩子，然而他的老伴儿提阿马特却大为生气地说，你这老头子怎么能有这么荒唐的想法呢?

然而消息不胫而走，阿普苏的孩子们吓得惶恐终日，这时智慧之神恩基出了个主意：我们抢先动手把阿普苏杀死不就好了？于是恩基用符咒使阿普苏陷入沉睡，除掉他的衣带，拿走他的王冠，移走他的光环之后，以枷锁捆住他，最后下手杀掉了他。阿普苏死后，恩基在他的尸体上建立起自己的神庙。

提阿马特知道阿普苏遇害之后悲愤不已，发誓要找恩基复仇。她创造出包括蝎人、牛人、狮人、鱼人和毒龙、巨狮、巨龙等可怕的妖魔怪兽充当军队，恩基则与女神达姆基娜创造出长着四只眼睛和四只耳朵的马杜克保护自己，并许诺马杜克获胜后将成为众神之主。于是马杜克出马与提阿马特展开恶战，最后，他一箭射中提阿马特的心脏令战争结束。

获胜之后的马杜克将提阿马特的身体撕成两半，创建了天与地，然后用提阿马特的血液混合泥土捏出了人类。因为人类是由恶神之血而生所以带有“原罪”，因此必须无条件侍奉神，在神面前没有任何地位，这就与原始的苏美尔神话思想产生了很大不同。古巴比伦的宗教思想深刻影响了美索不达米亚及其周边地区，后来犹太人创造犹太教编制《圣经》时就直接引用了这一人类原罪论。

巴比伦神话还有一个延续自晚期苏美尔神话的特点，这就是对王权的神化。很多神灵都是国家和国王的守护神，甚至直接被视为国王的化身，例如马杜克守护国家，伊丝塔女神守护王权，沙玛什则守护国王本人。与此同时国王也往往自称为神，这些国王为自己名字加上代表神的前缀，宣称自己给予国家生命，因此有享受人民

卢浮宫博物馆藏，马杜克神像

献上祭品的权利。

与吉尔伽美什类似，古巴比伦人也创造出风暴之神阿达德的一段故事来解释生与死的问题：阿达德是智慧之神埃亚与凡间女子所生的人类，他继承了父亲的聪明才智，被称为“埃利都之子”。有一天，冒失的南风神在波斯湾掀翻了阿达德的渔船。落水后的阿达德火冒三丈，痛殴南风神，折断了对方的翅膀。受伤后的南风神又羞又怒，于是连续七天南风都不再吹拂大地。天神安努感觉十分诧异，询问自己的侍从伊拉布拉特说：南风神这是喝多了么，怎么连续几天不见他出来活动？伊拉布拉特立刻如实禀报，说是埃亚的儿子把南风神给打伤了。安努听说此事后暴跳如雷，高喊：“把那小子给我带来！”埃亚得知消息后心想安努肯定会严惩阿达德，便如此这般地对儿子吩咐了一番。阿达德精心打扮后以蓬头散发身穿丧服的造型前往天界的安努神殿，安努的两位门神塔穆兹和吉什济达见到阿达德之后诧异地询问他为何如此打扮？阿达德强颜欢笑，宣称自己在为“人间失去的两位伟大神灵”而哀悼。两位门神大吃一惊，又追问人间到底失去了哪两位神灵？阿达德回答说“正是塔穆兹和吉什济达”。

原来塔穆兹和吉什济达有时会奉安努之命前往人间逗留，所以埃亚才会教儿子如此对答，让两位门神以为人间芸芸众生都在怀念自己。果不出智慧之神所料，两位门神对这番吹捧十分受用，“大为感动”：哎呀妈呀，这小伙子太会来事了，咱指定得帮他不是？他们带领阿达德面见安努时为他极力辩解，最后居然让起了杀心的安努态度一百八十度大转弯，反而怜悯起打人者阿达德了。

安努决心赐予阿达德永生，便吩咐侍从为阿达德端来食物和水，没想到阿达德却坚辞不受。原来埃亚曾经提醒过他千万不能吃天界的饮食，因为那是“死亡之食”和“死亡之水”。没想到阿达德的表演效果太好，居然换来了“永生之食”和“永生之水”！

无论如何，阿达德并没有将安努的赏赐带回人间，从而永远失去了为自己和人类获得永生的机会。

诗之国度

在现代考古学发现两河文明之前，西方人普遍认为文化起源于希腊。自 19 世纪开始，欧洲学者震惊于希腊文化与埃及文化之间确凿的渊源。今天，已经没人怀疑美索不达米亚率先发展出文学艺术并影响埃及的观点了。事实上，美索不达米亚文化对西方世界的影响极其深远，例如伊索寓言中著名的《农夫与蛇》的故事就是从苏美尔人那里传到希腊的。

就在苏美尔人创造出楔形文字之后，人类最早的文学和史学作品也随之而生。这些文学作品基本都是便于吟唱的诗歌，美索不达米亚也因此被赞为“人类最早的诗之国度”。以目前出土的泥版诗歌来看，按照题材可以分为英雄神话史诗、抒情诗、哲理诗，按照内容可以分为敬神颂诗、祈祷词、咒语诗、爱情诗。总而言之，这些诗歌大都带有宗教文学色彩，纯世俗性质的作品发现较少——这很可能是因为它们不够严肃，所以得不到官方性质的楔形文字泥版记录。

在英雄史诗中最有名的自然是不朽的《吉尔伽美什》，除此之外

卢浮宫博物馆藏吉尔伽美什像

公元前2200年，描述《吉尔伽美什》故事的泥版印和滚印

苏美尔人还创作出《恩梅尔卡》和《卢伽尔班达》等歌颂乌鲁克第一王朝历代国王和苏美尔著名英雄的史诗巨作。

留在泥版上的不光有壮丽的英雄故事和瑰丽的神话传说，更有柔美的爱情赞歌。在伊斯坦布尔古代东方博物馆中保存着乌尔第三王朝第四位国王舒辛钦定的人类最早的两首情歌，其中一首是在新年“圣婚”仪式上由扮演伊南娜女神的女祭司“新娘”唱给“新郎”舒辛听的：

新郎，我的心，
你的美貌甜如蜜；
雄狮，我的心，
你的美貌甜如蜜。
你已迷住了我的心，让我不安地站在你面前，
新郎哥，我甘愿被你带入洞房；
你已迷住了我的心，让我不安地站在你面前，
英雄，我盼望被你带入洞房。
新郎，让我亲吻你，
我的香吻比蜜甜！
洞房里充满柔情蜜意，
让我们共享你的美。
英雄，让我亲吻你，
我的香吻比蜜甜！
新郎，你已占有了我，
告诉我的母亲，她将给你以佳肴，

告诉我的父亲，他将给你以赠礼。
我知道如何振奋你的精神，
新郎，与我同眠至天明；
我知道如何取悦你的心，
英雄，与我同眠至天明。
因为你爱我，
给我你亲吻的请求，
我的君王之神，我的君王保护者，
我的舒辛，你取悦了恩利勒之心，
给我你亲吻的请求。
你的偶像甜如蜜，请把你的手置其上，
把你的手置于其上，就像一件衣服，
举起你的手置于其上，就像一件衣服。

上述诗句乍看之下可能会令今天的读者感到诧异——为何神圣仪式上吟诵的诗句如此粗鄙？其实这种求欢示爱语句在人类社会早期是直接用来作为求爱法术的咒语使用的，另一首被翻译出来的情歌歌词就更加露骨了：

……我的神，美酒女神，她的酒甜美。
像她的酒一样甜美的是她的阴部，她的酒甜美。
像她的酒一样甜美的是她的阴部，她的酒甜美。
甜美的是她的混合之酒，是她的酒。

我的舒辛宠爱我，

哦，我的舒辛宠爱我，他爱抚我。

我的舒辛宠爱我，

我的舒辛为恩利勒神所爱，

我的王，他是国土的守护神！

在这首情诗中女主人公对着国王炫耀自己的魅力时，并没有在相貌体态方面浪费笔墨，直接用“像她的酒一样甜美的是她的阴部”点明爱与美结合的结果必然是性爱。这是原始生殖崇拜信仰在苏美尔文学中的直接表露，这种直白的表达方式直接影响到后来《圣经·旧约·雅歌》中那些以男女之爱来体现神人之爱的圣诗。

苏美尔文学的黄金时代随着乌尔第三王朝的灭亡而结束，苏美尔人在退出历史舞台前夕为民族的悲伤历史留下了一大绝唱——《乌尔灭亡的哀歌》。这首以乌尔人之口诉说面对厄运来袭的痛苦之歌被誉为哀歌的始祖，它在风格、语调和内容上直接影响到后世著名的《耶路撒冷灭亡的哀歌》。

神已经把我们抛弃，像候鸟离开自己的故乡。

乌尔已经毁灭，哀歌伴着痛苦。

鲜血充满洞穴，像铜水充满模铸。

尸体如烈日下的脂肪般溶解，

神庙垮塌，城市被硝烟遮挡。

血水如河水般流淌，乌尔已不在……

到了巴比伦－亚述时期，美索不达米亚文学作品中开始触及社会矛盾问题，一些揭示社会不公同时又赞美信仰的宗教哲理诗大行其道。出土于苏美尔古城尼普尔遗址的《咏正直受难者的诗》由六块泥版组成，长达一百三十九行。这首诗以一位正直善良且非常虔诚的富人与神之间对话的口吻，讲述主人公按照统治者规定行事却屡遭各种磨难，于是对社会公道和神灵公正产生强烈质疑和抨击，但最终依然不放弃对神的信仰，神被感动后又恢复了主人公的财产和健康的故事：

我是一个聪明人，但那些敬重我的人已不再兴旺，
我真诚的话语被视为谎言，
那骗子用南风压倒了我，我被迫为他效力，
那些敬重我的人未能使我在你面前感到羞愧，
你使我陷入苦难，
我走进房间，灵魂沉重不堪，
我走到街头，心灵压抑不堪。
我忠实勇敢的牧人转而敌视我，
我的牧人用恶魔的力量对付我，可我并非它的对头，
我的伙伴都不对我说一句真话，
我的朋友用谎言报答我的真诚，
那骗子也图谋对付我，
而我的保护神啊，你却不阻挠他！

……

我的神啊，白昼应该给大地带来光明，可对我来说却是一片黑暗。

泪水、悲伤、痛苦和失望笼罩了我的心，

我被苦难吞噬，除了泪眼蒙眬之外别无选择，

我被罪恶的命运抓在掌中，连我的呼吸都被剥夺，

可怕的恶疾黏住我的身体。

……

正直纯洁的话语出自他的口，为他的神所接受。

他的神抽回自己的手，收回了那些恶毒的诅咒。

那些压抑他心灵的恶言恶语，

那些张开羽翼缠绕人的病魔被他驱走，

那吞噬人生命的恶疾被他甩掉，

按照他的命令笼罩受难者的厄运也被他赶开，

他将那人的苦难变作欢乐，

他派出友善的精灵去做守护者，

他赐予那人风采优雅的天使……

在巴比伦人创作的《主人与奴隶的对话》里，我们还能看到美索不达米亚先民们的幽默感：一个主人和自己的奴隶之间就十多个问题开始问答，与其说是问答不如说是百无聊赖的奴隶主在对着自己的奴隶聊天发牢骚。奴隶对主人的一切欲望都表示附和，主人每说出要做某事，奴隶都表示赞同并说出理由；后来主人说不做某事，奴隶也表示赞同并说出不做的理由。奴隶虽然看似一个墙头草

般的滑稽应声虫，但他的语言充满讥讽，以曲笔形式表达了作者对奴隶贵族统治者的鄙夷和鞭挞，同时通过主人之口也表现出巴比伦社会矛盾空前激化的状况。例如，当主人说受不了国王暴政要发动起义暴动的时候，奴隶为他加油鼓劲说：如果你不暴动，你将何以为人？忍受下去又有谁来喂饱你的肚皮？等主人改口说不想暴动了，奴隶便说暴动打打杀杀的多不好啊，再说一旦失败重则被杀，轻则也要坐牢受苦。当主人说要祭神，奴隶便说讨好神灵的好处，主人又说懒得去祭了，奴隶也没忘加一句：当神有求于你的时候，你就可以让神像狗一样地跟在你的后面跑。在这里不仅直接表现出巴比伦平民对信仰的不虔诚，更显示出惊人的公然蔑视神灵的勇气。主人说要行善积德，后来却又改口不做了。奴隶也指出荒原上死者白骨成堆，又哪能分清谁善谁恶呢？

最终发牢骚的主人被奴隶搞得绝望崩溃不知如何是好了，奴隶以嘲弄的口吻说：既然活着这么烦恼，干脆折断你的脖子投进河里，一了百了万事大吉。主人立刻恼羞成怒地宣称：我是主人你是奴隶，我要先杀死你让你先死！奴隶毫不畏惧地针锋相对：我死以后，你（这寄生虫）还能活过三天吗？

从这篇作品中能看出，即使是人人向往的巴比伦也并非真正的伊甸园，那里一样存在尖锐的社会矛盾。作品在结束时描写奴隶从附和主人转向反抗，表现出作者罕见的勇气和嬉笑怒骂皆成文章的妙笔。

除了文学作品外，美索不达米亚还为后世留下了许多关于自己的历史记录，其中最著名的就是写于四千多年前的《苏美尔王表》，这部世界上最早的历史著作以短短两三千字记录了两河流域几千年的历史轮廓。《苏美尔王表》被广泛发现于美索不达米亚各地，目前总共有十六份之多，内容基本相同，说明它的内容是相当成熟完整的。《苏美尔王表》列举了苏美尔各城邦的统治者以及他们统治的时间，其内容融合了苏美尔神话传说和历史真实，王表中早先的君主属于虚构的神话人物，后来的君主大都是真实历史人物。

《苏美尔王表》内容虽然完整，但它动辄便声称某王统治数百上千年的记录真实性却令人生疑。幸好有同时代内容更为简短的《吐马尔铭文》做旁证，才让这份年表避免了尴尬的局面。

吐马尔是苏美尔圣城尼普尔的一个区，这里是苏美尔主神恩利勒之妻宁利尔的神庙所在地。《吐马尔铭文》记录下每位苏美尔城邦霸主抵达圣城为诸神建造或重修神庙的经过，铭文中出现的人物都可以在王表中找到，人物之间的关系也与王表相同，尤其是铭文记载的头三个在尼普尔建立和修复神庙的统治者所属王朝的顺序，与王表记载的“洪水后”首先取得“王权”的王朝顺序完全相同。这不仅证实了《苏美尔王表》的可靠性，而且也有助于校订王表在年代学上的局限性。

这两份文献连同其他考古发掘所得文物一起成为研究苏美尔历史的主要依据，随着泥版上楔形文字的一笔一画，苏美尔早期城邦的真实历史逐渐在现代人视野中重现。到了巴比伦－亚述时代，历代王朝的诏令、年表、神庙文书等历史记录更加丰富，这其中最有特色、最具诗意的莫过于亚述人所记录的《远征记》。

亚述帝国能够建立起来，野蛮好战同时也雄才伟略的亚述国王萨尔贡二世功不可没。公元前714年，萨尔贡二世亲自率军攻向自己最强大的敌人乌拉尔图国王鲁萨，相传，由他亲手所写的《远征记》便因记录这次进军而成为世界上最早的军事回忆录。《远征记》中如此描写萨尔贡二世的军队：他们在行军时踏起的灰尘像天边的乌云遮天蔽日，士气高昂的战士们就像怒吼的雄狮般威震百兽；亚述男儿个个都奋不顾身地渴望英勇杀敌——虽然军队士气高昂，但摆在萨尔贡二世面前最大的困难其实不是作战，而是越过库尔德斯坦群山中的西米里亚山，萨尔贡二世如此描写自己遇到的困难：

西米里亚山是一个如矛尖般挺立着的巨大山峰，它俯视群山，这里是贝利特伊拉尼神族的居住地。这座山峰的绝顶支撑着苍天，根基延伸到地球中心点。它的山路宛如鲫鱼背一般险峻，两边无路可绕行，前后难以攀登。它两侧的深谷悬崖如刀劈一般垂直，看上去令人毛骨悚然……

西米里亚山是难以逾越的天堑，因此乌拉尔图人认为没有任何军队能够通过这里入侵自己的国土。但萨尔贡二世是个不会服输的人，他接着记载道：

智慧之神埃亚和贝利特伊拉尼给予我广泛的知识和内在精神，我用这种知识和精神掌握了通往胜利之路。我用铜镐武装我的军队，亚述士兵们在高山悬崖上开凿道路，四处石片纷飞。他们打开了通道，我一马当先走在整支队伍前面。就这样，我们像雄鹰一般飞过了这座山！

当毫无准备的乌拉尔图人发现强大的亚述军队出现在自己面前时，他们只剩下土崩瓦解一条路可走了。萨尔贡二世很快逼近被称为“不可侵犯之城”的穆萨西尔城下，困守城中的鲁萨听说城破的消息后自杀殉国——萨尔贡二世在《远征记》中轻蔑地称之为：

鲁萨用他自己的匕首像刺一头猪一样刺穿了自己的胸膛……

亚述军队完成对乌拉尔图的血腥屠杀和掠夺之后，把下一个目标对准了米堤亚地区。有赖于萨尔贡二世的《远征记》，当时伊朗高原上的很多重大事件才得以保存下来。公元前 705 年，萨尔贡二世死于远征伊朗的途中。这位壮志未酬的君王虽然已经远去，但记录他显赫武功的《远征记》永远都会向后人诉说那段金戈铁马的岁月。

科学巴比伦

每年春季的洪水挟裹着土耳其高原的淤泥和腐殖质浩浩荡荡汇入幼发拉底河和底格里斯河，滚滚浊流富含矿物质和有机物——这是滋养大地的大洪水。随着洪水到达顶点后逐渐退去，河床四周就是留给苏美尔人的肥沃干燥的土地了。我们知道美索不达米亚文明的发展首先有赖于灌溉技术的出现，粮食的充足供应是人口增长的必要前提，这要归功于苏美尔早期王朝对水利系统的规划管理，而这种规划管理的基础就是数学知识。直到今天为止，在美索不达米亚地区一共挖掘出超过五十万块刻有楔形文字的泥版，在这些泥版中有大约四百份记录有与数学相关的问题，其中显示在很早的时期苏美尔人就有了强大的计算能力——有趣的是，与古埃及人使用的十进制不同，苏美尔人是六十进制的发明者。

蒙昧时代的古人纵使全都是文盲，基本的计算还是要用到的。以古埃及人为例，乡亲们干完一天的活坐在自家院子里闲聊吹牛时总要比较一下财产多寡人丁兴旺，一只手数不过来怎么办，那就再加一只手嘛——两只手一共十根手指，每次数到这个数都要重新开始数，慢慢就产生了十进制。苏美尔人就比较聪明，他们在计算数字时把一个巴掌的五个手指分别乘以一年中的十二个月份，因此产生了六十进制。

六十进制的出现与美索不达米亚发达的天文学知识密不可分，它主要用于计算角度、地理坐标和时间——六十进制可以完美解决几何学中常用的等分角计算，他们为圆周设定的三百六十度划分堪称世界文明史上的重大贡献。巴比伦人的重量单位一米那等于六十西克勒，一塔兰特等于六十米那；时间单位一小时等于六十分钟，一分钟等于六十秒，这种时间单位一直被后世沿用。

在近五千年前，其他民族都还在茹毛饮血时，苏美尔人已经蹲在地上用树枝做代数的二次方程运算了。出于两河地区发达的贸易需要，苏美尔人制定了重量、长度、体积、面积、货币的计算单位和方式，他们是古代最有成就的数学家：有明确证据表明，在公元前 2500 年左右，苏美尔人就已经掌握了算术四则运算的方法，并制定了乘法表、倒数表、平方表、立方表。在一些泥版中留下了苏美尔人讨论三次方程和含多个未知量的线性方程组的记录。

到了公元前一千多年时，巴比伦人留下了金星出没的记录。巴比伦人为了看清未来而钻研天文，他们认为每颗星都代表一个神：太阳沙玛什，月亮辛，火星涅尔伽，水星纳布，木星马杜克，金星伊丝塔，土星尼努尔塔……这些神每时每刻都在执掌着人类命运，就在观察天象的过程中他们总结出了占星术。

美索不达米亚的天文观测工作主要由神庙组织进行，最早的天文台就是苏美尔神庙中的塔台，所以精通占星术的星象学家们基本都是些祭司。人们认为天象的变化与人世间的事情密切相关，可以从天文现象卜知人世的未来，而唯心主义的占星术又是天文学之母。在古代的两河流域，一年中有八个月的晴朗无云天气。每当皓月当空之时，如果一座神庙的七层塔台上没站满观星的祭司，神庙里的图书馆没放满记录星象的泥版，那么这座神庙的大祭司出门简直都不好意思跟人打招呼。在巴比伦时代，祭司们记录并命名他们所能看到的每一颗星。他们将恒星比喻为温顺的绵羊，将行星比喻为暴躁的山羊。星空被划分为三部分：属于恩利勒的有三十三个星座；属于安努的有二十三个星座；属于埃亚的有十五个星座。由于已经掌握了太阳运行的轨迹，因此这些星座中处于太阳运动轨迹的十二个星座被划分成“太阳轨道”的黄道十二宫：狮子座、天蝎座、双子座、巨蟹座……十二星座的认识流传到古希腊，继而流传至今。

除了太阳之外，巴比伦人并没有冷落月亮。夜复一夜站在塔庙平台上仰首望天的祭司们精确计算出日食和月食的周期为十八年零十一

祭司占星浮雕

高高的塔庙是祭司观星的好场地

天多一点，并命名为“沙罗（即重复之意）周期”。除此之外，他们还发现了月亮和潮汐的关系，认为潮汐是由月亮的引力造成的。

在乌尔遗址出土的文物中曾发现一枚制作于五千年前刻有船只的印章，在苏美尔人生活的地方，大树可是个稀罕玩意。考古学者认为苏美尔人无法解决造船所需的木料，因此一直很纳闷先民们究竟是如何造出船来的。有人参照埃及人造船的方式，推测出苏美尔人也采用成捆的纸莎草扎成筏子来造船：在埃及，尼罗河航路才是最可信赖的运输途径，悠悠尼罗河将埃及人的生活与自己天然地联系在一起，在史前壁画上就能看到埃及人用纸莎草制作的船只漂荡在水上。纸莎草船基本上是简单的芦苇筏子，埃及人用亚麻绳子把纸莎草芦苇紧紧捆在一起做成中间宽两头窄的筏子，这种筏子最少能坐两个人，加上一对灵活的短桨或是撑船的篙，足够在河上捕鱼狩猎所用了。在两河流域纸莎草同样随处可见，事实上，在今天的伊拉克偶尔也能见到坐在纸莎草筏子上捕鱼的渔夫。但这样就带来一个问题：四千年前乌尔就已经是美索不达米亚的贸易中心，在波斯湾南端海滨出土过记载从乌尔购进货物清单的泥版——苏美尔人的小筏子居然能穿过波斯湾进行海上运输，这实在是太过魔幻了。虽然有不信邪的专家复制了一艘乌尔出土船只形状的巨型纸莎草筏子，历经五个月的艰难航行成功抵达波斯湾，但这种尝试并不能说服全部的质疑者——毕竟古埃及人就没有驾驶纸莎草造的船出海送死过，他们从叙利亚进口松木制造大型货船从事海上贸易。那么问题就来了，苏美尔人为什么放着叙利亚的木材不用非要坚持使用纸莎草筏子呢？

是耶非耶，未有定论。

与船只不同，苏美尔人发明轮子一事可谓是板上钉钉。这可是改变人类运输方式的伟大创造，极大地推进了历史前进的步伐。在四千年前，苏美尔人便开始用木材和石料制成的轮子来制陶。又过了七百年，他们想到如果把平放在地面上旋转的陶轮竖起来会怎么样？结果苏美尔人把四个木陶轮竖起来装在两块木板上，前面用四头驴牵引——世界上第一辆四驴驱动的豪车诞生了！这种车一开始只是国王和大祭司的座驾，后来很快转作军事用途成为苏美尔人的战车。

又过了九百年，辐条式车轮取代了辐板式车轮，金属轴代替了木轴，双马代替了四驴驱动——快捷、轻便的马车提高了作战和运输效率，正是依靠这种战车，赫梯人才在叙利亚大败埃及军队。

除了战车之外，亚述时代精良的武器也给美索不达米亚历史留下了浓重的一笔。自从亚述的农夫伯伯们扔下锄头拎起长矛开始四处征战以来，这个崇尚武力的民族开发出由全身披挂的铁制鱼鳞甲和圆锥形铁盔保护起来的先进重型步兵装备。

除此以外，亚述军队的攻城机也是划时代的军事发明。在苏美尔人的时代，城墙是保护城市的最有效手段。在关于吉尔伽美什的史诗故事中，这位任性的英雄一开始就驱使乌鲁克人建造城墙保护城市，因此才引起了不堪劳役的人民向神灵诉苦之事。

但是在亚述人面前，靠城墙保命这招已经不好使了——亚述攻城机是一种上部包有护甲的四轮或六轮塔形战车，它装有两种机头：一种是用来摧毁城墙的金属平头攻城锤，另一种是用来杀人的长矛。很多战例中守城方都经历了亚述人推着坦克一般的攻城机一点点撞塌自

苏美尔人的新战术

苏美尔人绘制的美索不达米亚地图

己城墙的场景——至于中国古代防御作战中经常使用的滚木礌石这种东西，在“穷得只剩土”的美索不达米亚地区是不存在的……

在一次次探索和征服美索不达米亚周边世界的过程中，苏美尔人记录下大量的地理信息，其中不光有泥版上的楔形文字，还有世界上最早的地图记录。在伊拉克北部的约尔根特佩曾出土过公元前 2300 年制作的一小块地图，地图上显示出一个拥有水道并被小山丘环绕的地区，地图中央的文字标明了土地所有者和土地的面积——这份最早的地图并非为了城邦霸主征服世界所用，而是为了满足土地买卖的需要。在其后的时代，随着苏美尔政治、经济和军事、文化的发展，地图逐渐分为三类：为土地买卖绘制的土地平面图、城镇布局图以及世界地图。

世界地图最能表现出美索不达米亚文明对周围世界的认知，公元前 600 年制作的一块泥版地图上显示出巴比伦尼亚的土地被汪洋大海包围，海洋之外是一些被称为“见不到太阳的土地”的化外之地，这些偏远的未知区域栖息着各种神奇生物，而巴比伦尼亚的土地则以自中心向下延伸的平行线代表的幼发拉底河以及与之交叉的长方形所代表的伊拉克南部沼泽区组成，沼泽区旁边是呈角状的波斯湾。一连串小圆圈代表新巴比伦王国周边的亚述、乌拉尔图和伊朗西部地区的国度。

这幅地图中巴比伦人展示出的对周边世界的认知程度，直到两千余年后的中世纪欧洲时代仍未有国家能够超越。古代巴比伦人在绘制地图时使用一种笔尖锋利的木质尖头笔，从而在地图上绘制出微小而精密的图形。其实不光是泥版地图，有些泥版文书中的楔形文字也被刻写得非常小，以至于用肉眼难以看清。这种现象造成了研究者的长期困惑，人们猜不出巴比伦时代的人们是如何刻写出这些微雕一般的文字，又是如何看清它们的。

这个谜团直到亚述都城尼姆鲁德被大规模发掘之后才得以解开：在尼姆鲁德城遗址中发现了一块厚度约六毫米的卵形水晶片，它的两个面中一面平整光滑，另一面呈凸形——这是一个放大镜！

有了这个惊人的发现之后，人类于公元 13 世纪时发明放大镜的历史被改写了。亚述人竟然制造出如此精细的光学仪器，让后世的我们不得不怀着一份严谨和一份敬意去看待美索不达米亚——那里不仅有瑰丽的神话传说，更有划时代的技术成果。

第二节

众神赐福之都

太阳照常升起，灼热的光芒照耀着两河流域的城镇和村庄。

阳光下的土地炎热干燥处处灰尘弥漫，家家户户的低矮泥砖房在做饭时产生的浓厚烟雾在空中经久不散。贫穷的村庄中街巷狭窄局促，房屋周边堆满了恶臭的垃圾，老鼠和虫子占据了垃圾堆，成群的蚊蝇飞在人和动物之间，嗡嗡作响。这就是1887年出现在德国人罗伯特·科尔德威眼中的伊拉克，艰苦的环境让这位留着山羊胡子、充满热情的考古学家为之皱眉，他花了两天时间在成堆的碎石瓦砾间游走，终于找到了传说中的巴比伦城遗址。

科尔德威如此记载：“对于熟悉古希腊遗迹的欧洲人来说，看到堆满碎石的土丘实在令人震惊。这里没有成块的石料，没有一根柱子……”

尽管如此，科尔德威仍被几块色彩明快的残断彩釉砖块深深吸引，他将这些砖块带回柏林，说服了柏林皇家博物馆的官员对它们进行了留存。

1899年3月26日，科尔德威的考古队在幼发拉底河畔一座被称为卡尔斯的土丘东侧挖出第一锹土。在对这个直径约一千六百米的土丘的初期发掘中发现了两道十八米厚、八十米长的城墙残基，这两道墙一直向南延伸到土丘废墟之中。科尔德威激动不已——这是古代的街道，这标志着他终于找到了目标!

时光回溯两千五百余年，当时，这里的街道由一块块一平方米左右的白色石板铺就，路的两侧用红色的角砾岩石块镶边，白色石板被无数双脚磨得光亮平滑。这条通往巴比伦之路经过精心铺设，最下层是泥沙和鹅卵石，其上是烧硬的泥砖和沥青构成的防水层，再上才是白色石板路。这种构造使得这条坡路比周围的平原高出十余米之多，一路向上延伸到那座宏伟的黏土巨城——巴比伦。

黏土巨城

在新巴比伦时代，每年3月来自亚述方向的季风吹来浓浓的水汽，淅淅沥沥的春雨洒在单调干涸的褐色大地上。等到4月初，巴比伦城内外显出一片缤纷色彩：萌发的嫩绿野草自泥土中钻出，路边红、白、黄色的野花四处绽放，展现出春之女神的蓬勃生机。

巴比伦的新春“尼撒月”开始于每年的公历3、4月份之间。在这十一天里，巴比伦的新年庆典“阿基图”盛大展开，巴比伦城中到处都能听到赞颂马杜克的史诗故事，人们称颂这位守护神在创世之初战胜混沌的丰功伟绩，期盼他的恩惠，渴望他的垂青。

尼布甲尼撒二世建立的巴比伦凝重而庄严，巨城位于底格里斯河与幼发拉底河交汇处，坐落在幼发拉底河两岸，一道长桥横跨幼发拉底河连接起大河两岸的城市。从空中俯瞰巴比伦，会发现整座城市呈方形结构，东部是宫殿和神庙区域，西部则是繁华的商业区域。王宫和神庙延续了苏美尔时代的高台塔楼风格：为了躲避洪水的袭击，苏美尔人在河堤和高台上修筑塔庙，这种寺庙建筑风格一直延续到巴比伦城的神庙建造中。这些庙宇由环形围墙构成阶梯形建筑群，中央的高台上是一排长长的核心神殿，由核心神殿开始，其他建筑部分逐渐降低，整个神庙构成倾斜的多维结构。还有些稍低的小神庙采取方形敞开式院落结构，院落四周散布着各具特色的神殿房间。所有的神庙都和城中其他建筑一样使用泥砖修砌，毕竟在这片土地上石块是太过奢侈的建筑材料。建造神庙的泥砖使用木炭烘烤烧制，工匠们由底墙开始垒砌砖块，一直垒到房屋尖顶，构成鱼脊形状的结构。

美索不达米亚神庙几乎都有平地而起高屋建瓴的建筑特点，在塔庙上层圣祠和下层神殿之间有巨大的阶梯相连，这代表着天界与人间的通道，圣祠是神灵飞向人间时的歇脚地，神与人之间真正的会晤场所是塔庙下层的神殿。平日里会登上巨大台阶的除了观星的祭司之外，还有避暑纳凉的贵族——毕竟在炎热干燥的夏季中，只有这种人工山一般的塔庙能提供一点风凉之处了。

巴比伦城拥有三重城墙，其中在幼发拉底河畔的城墙还兼有河堤的功能。三重城墙中最厚的地方接近八米，最薄的地方也超过三米。最外围的城墙就是城东的“米堤亚之墙”这座要塞，它里面的双重城墙长一百六十公里，每隔五十米左右便在其上修建一座楼塔。

博物馆中的伊丝塔门和典仪大道模型图

巴比伦城被希腊人称为“百门之都”，虽然号称百门，其实它一共只拥有九座大城门，其中最壮丽的便是献给伊丝塔女神的北门——伊丝塔门。

尼布甲尼撒二世曾经三次重修伊丝塔门，这座拥有四座楼塔的城门以美丽的蓝青色彩釉砖块砌成，与其他使用普通泥砖的城门形成鲜明对比。虽然伊丝塔的形象是狮子，但在大门上却没有一头狮子——它们都在通过大门的典仪大道的两侧近七米高的墙上，整整一百二十头釉面雄狮浮雕昂首阔步向前行进，巴比伦人认为这是一条永远不会被敌人攻克的道路，因此将其直截了当地命名为“敌人永远无法通过”大道。这条壮阔的白底红边大道从伊丝塔门一直延伸到马杜克神庙中，每年新年仪式中的神像巡游都要经过这条伟大的道路。

当新年清晨的阳光照耀巴比伦城时，照例由马杜克神庙那九十米高的七层大塔庙尖顶迎接第一抹金色光芒。伟大的马杜克金像便端坐在高塔上的黄金宝座之上，神像面前还有一张同样由黄金制成的案几。马杜克金像所在的这座高塔位于东城区南部，整个塔身七层砖色迥然不同，分别代表了太阳沙玛什、月亮辛、火星涅尔伽、水星纳布、木星马杜克、金星伊丝塔和土星尼努尔塔，巴比伦人称其为埃特曼安吉，意思是“昂着头的神庙”。虽然在整座城市中一共有一千一百七十九座神庙，唯有埃特曼安吉最为崇高。

后世的人们传说，尼布甲尼撒二世曾经下令将这座巨塔修得齐天之高，这一神话最后形成了《圣经》中的通天塔传说：当地上的人们都说同一种语言的时候，他们万众一心想通过修建“巴别塔”

登天成神。当这座塔即将完工时，上帝卷起狂风吹倒巨塔，并且令人们讲不同的语言，令其思想不能沟通，再也无法众志成城地重建高塔。

如果这位巴比伦之王知道他主持修建的塔庙竟然被如此描述的话，一定会表态：我不是，我没有，别瞎说啊！

在我们将要说到的这个新年里，埃特曼安吉巨塔安然无恙，高耸入云，巴比伦之王正乘坐马车驶离自己的王宫。

东城区北部的巴比伦宫殿共有三座，与神庙的建筑风格相似，保持了规模宏伟的特征。宫殿建筑在人工堆积的高地上，以泥砖砌成，但与神庙相比这更像是一座城堡要塞。坚固的内城墙环绕王宫并延伸到神庙群，在某些重要地段的墙面上还铺设石板浮雕装饰。主殿群被众多角楼环绕，在宫殿中的雄伟泥砖圆柱外表包裹着铜皮装饰， 宫殿台基下是宽阔平坦的梯道和广场。

虽然巴比伦的王宫比不上亚述王宫那般穷奢极欲，富丽堂皇，但依旧称得上宏伟壮观。其中占地面积最大的南宫由两部分组成：开国国王那波帕那沙尔时代修建的旧宫和尼布甲尼撒二世向东北侧扩建的新宫。旧宫是严格按照美索不达米亚传统风格修建，共五个庭院。由外向里依次是御林军驻地、行政处、国事处、国王寝宫和后宫闺房，巴比伦的王后、米堤亚公主安美依迪丝从自己的卧室里就能望见王宫东北部那座爱情的见证——空中花园。

除了美丽的安美依迪丝之外，尼布甲尼撒二世其他的从巴比伦和外国进献来的妻子也生活在南宫中，她们的闺房分散在最深处的庭院。国王本人住在南宫中，他将自己的居所视为“王国的中心，将全人类

创作于1530年，描述人们在巴比伦兴建通天塔的宗教画

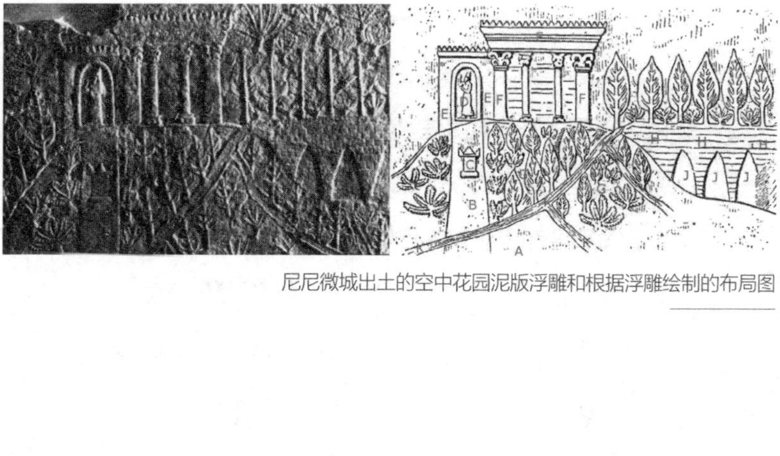

尼尼微城出土的空中花园泥版浮雕和根据浮雕绘制的布局图

联系起来的纽带，喜悦和欢乐的栖息之所”。既然是自己住的地方，那么自然要好好装修一番：

我让工匠在大地宽阔的胸怀上铺设沥青和铅块制成的基座；我从黎巴嫩弄来巨大的雪松——那是来自青葱森林中不朽的神木，我将它作为宫殿的屋顶；我指示工匠用铅块和沥青为宫殿砌成雄伟高墙——于是一道道谕旨和指令都从这里传向宇宙四方。

祭司与国王

尼布甲尼撒二世按照美索不达米亚的传统，在王宫中修建了巨大的泥版图书馆，虽然比不上尼尼微城的亚述图书馆两万块泥版的天量规模，但依旧是巴比伦尼亚地区最大的档案存放场所。不过在新年期间，尼布甲尼撒二世并没有闲情雅致去翻阅图书馆中的泥版，也顾不上登上自己那座美轮美奂的空中花园，他要来到马杜克神庙举行一项特别仪式——不以国王的身份。

巴比伦的社会结构等级森严界限分明，形成了一个以国王为顶端的金字塔形权力结构。美索不达米亚的国王是国家权力的代表，其权力来自神的恩赐，国王以神的人间代表身份行使权力——为了突出这一点，就连亚述帝国时期那些不可一世的君王们，也必须在神庙动工仪式上亲自抬一筐土以示自己参加了侍奉神的工程。

尼布甲尼撒二世在自己发布的继位铭文中如此宣誓：

庄严华美的巴比伦，我视你为生命。除你之外，任何地方都不是我的居所。在仁慈的马杜克神庇护下，我愿尽我所有的力量使你成为空前绝后、无比繁华、无比昌盛的大城。你将接受万国的进贡，你将受到全人类的膜拜。

国王之下是祭司贵族集团，祭司虽然没有明面上的政治权力，却对人民拥有极大的影响力。他们控制了与神沟通的神庙，对神灵的意志拥有解释权。就连国王的权力都要受到祭司的制约，很多情况下国王对不合作的祭司都没什么办法处置。

位置紧随祭司之后的是行政官员和贵族集团，他们的地位来自国王，是国王能够直接控制的政治力量。

在尼布甲尼撒二世的时代，巴比伦尼亚地区拥有古老司法行政传统的城市长老会早已被直接向国王负责的商人会所取代。巴比伦的商人分为公商和私商，以是否参与国家和神庙的商业活动来区别。巴比伦的富商大贾在各个城市中控制商业区，为国王办理商务，逐渐插手管理城市内政，从而成为国王在各个城市的代理人。

新年期间的尼布甲尼撒二世在名义上暂时失去了国王身份，却又不是祭司、官僚或商人，当然更不是平民和奴隶——他作为有待马杜克认可的候选人，来到马杜克神庙接受神灵每年一度的审核考验。

在尼布甲尼撒二世前往神殿的前几天，马杜克神庙的祭司们正在忙碌而有条不紊地进行准备。

按照延续自苏美尔时代的古老传统，一个城市或一个国家能否正确举行节日祭礼，是关系到国家和民族兴亡的大事。在苏美尔时代之后，神庙的祭司已经完全垄断了节日祭礼的宗教仪式。

在马杜克神庙中的祭司们按照职责主要分为主管祈祷的玛什马苏和阿什普，负责演奏音乐来平静神灵心灵的卡鲁，负责以美妙歌喉咏唱咒语、哀歌和赞美诗的纳鲁，主持献祭仪式的桑古，侍奉神像洗浴的拉姆库和帕什苏，负责占卜吉凶做出预言的先知巴鲁以及整座神庙的最高首领沙什伽鲁。在巴比伦城中的神庙中，除了男祭司之外还有不少女祭司：公主会充当最高女祭司恩图；很多大贵族之女则扮演神灵的凡间妻子，她们还需要在圣婚仪式中扮演国王的神灵新娘，以肉体侍奉君王；出身一般的女祭司可以做歌手纳鲁或担任其他较低等级的服务性职位；最低贱者是将自己的肉体奉献给神庙，投身于神圣卖淫工作的卡迪什图，也就是神庙妓女。

卡迪什图祭司的存在被希罗多德的《历史》所记录并传之后世。所谓巴比伦女人一生必须进行一次在神庙卖淫的“坐庙礼”的传闻大兴于天下，其实所有的源头都来自这部著作。

早在亚述时代带有法律性质的婚姻契约中就曾明确记载：“一个男子不能在亚述城中拥有两个妻子，但可以合法地与卡迪什图交媾。”并没有任何证据证明其他女祭司会因为宗教需要出卖肉体——恩图作为侍奉马杜克神的最高祭司有自己的丈夫（但不允许生育，有些其他神灵的恩图甚至都不允许结婚），圣婚女祭司也只向国王献出肉体。至于其他巴比伦城中的女子，虽然按照风俗她们在婚前并不怎么守贞，但也并没发现要强制卖淫的证据。卡迪什图在名义上也是祭司中的一种，但她们的身体是属于神和神庙的，她们生存的价值就在于通过神圣的卖淫活动慰藉信徒的心灵，为神庙赚取财富。虽然她们被称为“神妓”或更正式的“爱的女神”，但这并不能掩盖她们低下的社会地位。

卡迪什图几乎没有包括自由在内的基本人身权利，她们除了卖淫之外不允许从事其他任何职业，一般也不准有丈夫、有家庭。除了神妓之外，从古巴比伦时代开始还出现了正式卖淫的妓女。虽然号称献身于神，但亚述时期的法律就明文规定无论是神妓还是妓女都不允许佩戴良家妇女的面纱，违规者将会处以当众责打五大板的处罚。

极少数地位较高的神妓可以在神庙中觅得一处住所，但绝大多数神妓要在大街上招客。希罗多德的记载，令后世很多代人都认为，巴比伦的神庙就是荒淫的窝点，但这种情况实际上并不存在——沙什伽鲁不允许这种亵渎神灵的行为发生在神庙中，神妓们服侍顾客的地方是在旅馆里。自亚述时代开始，旅店老板就形成了一整套取悦“爱的女神”的揽客仪式。

神妓给神庙带来了巨大财富，壮大了神庙的经济实力。神庙用这些钱或者购买土地，或者从事借贷。就此来看，“坐庙礼”的记载并不怎么可靠——全赖希罗多德这个不正经老头子所赐，害得新巴比伦所有的女子都背上了卖淫失足女的名声……

其实在整个巴比伦时代的神庙中还隐藏着一个第三性的祭司群体——被阉割者。这些身份特殊的祭司大多是些白净英俊的去势男子，他们在宗教仪式上化浓妆戴头巾，穿着女子衣裙充当宗教故事重演仪式中的演员。

新年仪式

美索不达米亚的新年仪式历史悠久，在《吉尔伽美什》中就记载了吉尔伽美什前往森林讨伐芬巴巴之前，祈求母亲祝福自己，并且表示如果安全返回就要以庆祝新年的方式进行祝贺，并且要庆祝两次。往事越千年，新巴比伦的新年传统依旧保留了苏美尔时代的痕迹。虽然祭司们已经不必像早期王朝时期那样赤身裸体举行仪式，但巴比伦新年仪式的每一个步骤都散发着浓厚的历史气息：

在新年仪式的第一天，祭司们在黎明之前打开神庙大门，将新年祭品运进神庙，开始举行供奉生命之水的仪式。第二天，神庙中地位最高的沙什伽鲁祭司在黎明之前两小时步出神庙来到河水中沐浴，这位大祭司的尊号源自古老的苏美尔语，意思是“兄长、大哥”。沙什伽鲁祭司浸泡在清洁神圣的河水里，大声咏念献给马杜克的赞歌和祷文，祈求马杜克打败他所有的敌人，保护他的城市、子民、神庙和牲畜。祷告完之后大祭司便郑重地打开神庙的大门，低级祭司鱼贯而入，将祭品郑重地摆放在马杜克及其配偶的神像面前。在新年仪式的第三天，沙什伽鲁祭司要比昨日再提前二十分钟去河里沐浴，并继续昨日的仪式顺序。祭司们请来制作神像的工匠，他们会把木头、黄金和珍贵的宝石制成两个披红袍的木偶神像：一个木偶左手抓着一条蛇，右手向外伸展；另一个木偶右手托着一条蝎子。这些木偶制作完成后被祭司们郑重地收藏起来，准备在第六天使用。在新年仪式的第四天，沙什伽鲁祭司要在太阳升起前的三小时零二十分钟起床，在马杜克神像前进行一次特殊的新年祷告之后，大祭司来到院子里静静地等待金星的出现。对于巴比伦人而言，这一刻才是春分的时刻，即新年的开始。当金星如约出现在夜空中时，沙什伽鲁祭司大声吟诵赞美伊丝塔女神的祷文来欢庆金星和新年的到来。

在这一天的夜晚，祭司们聚集在马杜克神庙里吟诵创世史诗《埃努玛埃里什》，大家歌颂马杜克开天辟地创造人类的丰功伟绩，欢呼他在新的一年里继续赐福于伟大的巴比伦。

终于，时间来到了新年仪式的第五天。

清晨时分，沙什伽鲁祭司离开神庙，其余祭司留在神庙中用圣水和油喷洒在地板和墙壁上清洁神庙。一头羊被牵进神庙中，一名身强力壮的祭司念诵特殊的咒语之后挥刀砍掉羊头，另一位祭司用喷射着鲜血的死羊摩擦神庙的各处墙壁，以羊血来清洗沾染在此处的所有的罪恶。接着这两名祭司带着羊头和羊身子来到河边将它们扔进河里，河水会冲走所有的罪恶。但这两名祭祀因为沾上羊血也受到了罪恶污染，要在剩下的“阿基图”期间一直待在旷野中，直到新年庆典结束后才能返回神庙。

两名祭司带着死羊离开后，尼布甲尼撒二世来到马杜克神庙大门前。祭司们将这位巴比伦统治者引领到水池边洗净手，又将他带领到马杜克之子纳布的神殿中——沙什伽鲁祭司已在此等待许久。尼布甲尼撒二世顺从地任由沙什伽鲁祭司将自己所有的象征国王权力的饰物——权杖、项圈等都一一取下，这位祭司带领手下前往马杜克神殿将它们放置在神像面前。接着他独自返回纳布神殿，换了一副凶神恶煞般的面孔，揪住尼布甲尼撒二世的耳朵，一边左右开弓猛抽耳光一边喝问：去年你做了什么对不起马杜克大神的亏心事？

这可是真下手打，尼布甲尼撒二世被抽得眼冒金星涕泪横流，他毫不抵抗地被祭司一路殴打推搡着前往马杜克神殿。沿路的祭司和达官贵人们欣慰地看着国王流下痛苦的泪水，因为这种短暂的苦难会换来马杜克无比的喜悦——国王承受的痛苦越多，巴比伦在新的一年中所受的神之恩惠就会越好。

沙什伽鲁祭司将国王拽到马杜克神像前就停手了——按规矩到此为止，尼布甲尼撒二世跪倒在神像前汇报过去一年的工作业绩，并且赞美马杜克，向他起誓绝没有做任何对不起大神的事情。接着沙什伽鲁祭司把权杖等物品还给国王，宣布马杜克大神对尼布甲尼撒二世非常满意，大神授予陛下在新的一年中对巴比伦及宇宙四方的统治权力——整个仪式在欢呼和赞美声中结束，在岁末年初王权得到更新和确认，巴比伦又拥有了自己的国王。到了晚上，意气风发的新巴比伦之王在沙什伽鲁祭司的陪同下主持一项圣火献祭仪式：一头白色的肥美公牛被拴在献祭坑边，坑内填满用棕榈枝子捆绑的四十捆干燥芦苇。尼布甲尼撒二世将手中的火把投入献祭坑，火焰升腾而起的同时祭司一刀割断公牛的颈动脉，他大声念着咒语：神圣的公牛啊，光辉的火焰照亮了黑暗……

晨曦将至，夜色仓皇远遁。在新年仪式的第六天，巴比伦人民迎接巴比伦城不远处的巴尔西帕城守护神纳布神像的到来。纳布是马杜克的亲生儿子，这也算是神灵回家省亲了。当纳布神像进入巴比伦之后，一位手持利剑的祭司将新年仪式第三天时制成的那两个木偶斩首后扔到圣火坑中。观礼的人群欢呼赞美纳布消灭了马杜克的邪恶敌人。

接下来，来自整个巴比伦地区的其他城市守护神的神像都被一一运进巴比伦城做好准备。在新年仪式的第七天，来自新巴比伦各个地区的神像被祭司们仔细清洗装扮，为它们披上新衣服，挂满珍贵奢华的饰品，因为明天就是神灵们与巴比伦市民见面的日子了。在新年仪式的第八天，尼布甲尼撒二世在清晨时便抵达马杜克神庙，他快步冲向一个特制陶罐前将其打开，再将其中的圣水洒在地上。这神圣的仪式模仿了创世之战中马杜克冲向提阿马特将其击败，并用提阿马特的血液混合泥土创造人类的伟大功绩。

完成这些动作之后，沙什伽鲁祭司在依品阶排列的众神像面前将国王的手放在马杜克神像手中，这就是“执马杜克神之手”仪式。

巴比伦人民欢呼庆贺国王从马杜克手中接过权力，观礼的各地方总督和其他城市的祭司以及各地贵族、官员依次觐见马杜克神和巴比伦之王，向他们宣誓效忠。接下来，神圣的“众神集会”巡游狂欢开始了。神灵们要按照神话传说中的记载汇聚一堂，共同商议好对新一年中新巴比伦和王室的命运做出裁决。在马杜克神像的带领下，祭司们抬着巴比伦人民所信仰的神灵一马当先，走在队伍前列。尼布甲尼撒二世率领王室成员紧随其后，他身后簇拥着各地官员和祭司贵族、外国使节等达官贵人各路来宾，再其后是被称作“基迪努”的各个城市的特权阶层，他们是在新巴比伦时代几个特定圣城中享有免税等特权的“服侍神祇之人”，在这些圣城中包括巴比伦尼亚的巴比伦、博尔西帕，亚述的阿舒尔、尼尼微等。炫耀文治的巡游队伍经过之后，展示武功的时刻来到了。新巴比伦军队在街道上列队行进，由巴比伦人和叙利亚人组成的弓箭手、亚述人组成的重装步兵和米堤亚的轻骑兵身着整齐的铠甲缓步而行，他们身后是过去一年中被俘获的敌国战俘，除了这些被游街示众的倒霉蛋之外，还有来自战场上缴获的战利品和战败敌国缴纳给新巴比伦的贡品。

巴比伦的市民们激动不已，这是一年中难得的不分阶层共同参与的庆祝活动。对于很多底层民众而言，这几乎是他们唯一可以近距离接触神灵并目睹国王和大祭司风采的机会。人们不停地向神像祈祷，对国王欢呼，为军人喝彩，新巴比伦的国威和民族荣誉感在这一刻得到极大强化。

巡游队伍最后到达郊外的阿基图神庙，这一天的活动宣告结束。

在新年仪式的第九天，尼布甲尼撒二世在阿基图神庙中再度向神灵发誓自己没有冒犯神灵，请求马杜克与众神给予巴比伦祝福。接着举行占卜仪式，预测新一年整个国家的凶吉，期盼新的一年一切顺利。最后，这位国王要按照苏美尔时代流传下来的古老传统，与扮演女神的女祭司举行圣婚仪式，通过肉体结合保证他得到神灵眷顾，与神灵合为一体，再次强调他的神圣性，确立他的权威。在新年仪式的第十天，新巴比伦各地各界人士向马杜克和众神献上丰厚的礼物，期盼能令众神心满意足。众神满意不满意另说，这些丰厚的祭品可是神庙重要的收入来源。

在人与神之间的交易进行之时，巴比伦尼亚和亚述地区的地方总督、商人首领也借机拜见尼布甲尼撒二世，他们与国王彼此拉拢关系商谈政治合约，并就新一年的税收比例等实际问题达成协议。在新年仪式的第十一天，尼布甲尼撒二世和马杜克神像登上马车，大队的祭司簇拥着装载其他神像的马车，达官贵人等紧随其后——新年巡游的队伍按照来路经过典仪大道返回巴比伦城。

当国王和马杜克神像抵达伊丝塔门时，全城的百姓几乎都离开了城市，大家喜气洋洋地出城再入城，这代表着自然轮回的有序进行，新一年中巴比伦城的富足丰收有了保证，马杜克大神的力量得到了确认，尼布甲尼撒二世的统治地位也再度巩固。

随着巡游队伍步入伊丝塔门，成群结队的巴比伦百姓也说说笑笑地走进城门。漫长的新年庆典结束了，伟大的巴比伦又将开始它新一轮三百六十五日的轮回。

第三节

医生的早晨

清晨时分，阿拉德纳奈匆匆行走在湿漉漉的街道上，春雨正淅淅沥沥落在巴比伦城中，街道两旁是一栋栋灰泥粉刷成的白色两层小楼。巴比伦人各家各户拥有的地皮大小不一，建起的房子形状各异。大部分人家的房屋都围绕一个中央庭院而建，在地面一层并不面对街道开窗——在炎热的美索不达米亚，住在底层是很不舒适的，一般来说主人都住在二层，奴隶房、客房和浴室才会设置在一层。即使是盖不起两层小楼的穷人，在天气暖和时也会选择睡在房顶上。这些宽阔平坦的屋顶缓缓向庭院倾斜，好让雨水能够沿着沟槽流入庭院地砖中间修砌的排水沟。这个排水沟同时也承接浴室和厨房中排出的污水，通往街道中的地下下水道。

阿拉德纳奈是新巴比伦时代的医生，他要去一位病人家中看病，在前面带路的便是主顾辛马吉尔派来的奴隶。

巫术与医学

早在阿拉德纳奈从业之前两千余年，美索不达米亚的医学便已经系统性地出现了。在乌尔第三王朝时期出现的《乌尔医典》系统地总结了苏美尔史前零散的医学文献和处方药方等资料，在八百余片泥版上记录了苏美尔人对医学的认识：人类身体内流淌的血液赋予机体生命力，动脉中流淌的是白天的血，静脉中流淌的是黑夜的血。在内脏器官中心脏是智慧之源，肝脏支配着情绪，一切计谋都在胃中酝酿。

虽然这些知识看起来荒谬，但苏美尔人已经观察到寄生虫和食物的关系，清楚虱子跳蚤会传播疾病，他们为各种病症整理出对应的治疗方法——这其中混杂着以动物和矿物原料组合的药物、咒语和巫术。在那位不幸的马里末代国王济姆里利姆留下的泥版信件中，他曾针对王宫中出现的侍女感染传染病一事详尽地指示王后：

你需要下达严格的命令，要求侍女们遵从，以防止极具传染性的疾病蔓延。对于那位病人，她用过的杯子别人不可拿来饮水，她坐过的位子别人不可再坐，她睡过的床别人不可再躺……你必须防止她把疾病传染给和她在一起的其他女人们！

到了古巴比伦时代，患有癫痫和麻风病的患者被视为必须放逐的传染源——不管患者身份是奴隶还是自由人，都会被无情地赶出城市，

“永不再知他的居处在何方”。

济姆里利姆对王后的嘱咐以及巴比伦驱逐传染病患者的方式都表现出那个时代对防疫隔离知识的态度，但总体而言，整个巴比伦文明时期的医学并没有离开魔法巫术的范畴，从苏美尔人到巴比伦人都普遍相信生病的原因是魔鬼附身，因此必须要借助巫术、祈祷来驱除。

从苏美尔时代开始，记录医学知识的泥版上就把病魔和疾病名直接等同。这些病魔有男女之分，他们的来源复杂，涵盖从天神儿女到死者亡魂等各路人马，代表了黄疸、伤风、疱疹等各种症状。他们的共同特点是冷酷无情地痛恨世人，每时每刻都想尽一切办法折磨活着的人。在这些病魔中，最常被泥版提及的是带来头疼脑热痛苦的男恶魔阿沙库，他像风暴一样席卷大地，穿过厅堂道路时会带走人类身体内的生命能量，这个隐形的恶魔可以在人们毫无察觉的状态下进入房间释放疾病然后扬长而去。

相对于折磨人的阿沙库而言，拉玛什图和阿达特莉莉这两个女恶魔更让人胆战心惊，因为她俩是直接索命的女魔头：

拉玛什图本是天神安努的女儿，但她内心歹毒，总是挑唆天界诸神对人类下毒手，因此被愤怒的父亲从天界直接掷下大地。被放逐成为恶魔之后，拉玛什图索性直接戕害人类，她卑鄙地选择专门攻击柔弱的少女、少妇、孕妇和婴儿。于是愤怒的地神恩利勒诅咒拉玛什图变成了丑八怪：“她从芦苇床上起来，她的头发歪斜，她的缠腰布散开。她长着狗脸，拥有一双长着长长手指和利爪的小手，她的乳房巨大，满腹赘肉。”

拉玛什图“触摸孕妇的腹部，拉出体内的胎儿”，“虽然不是医生，但她自己用绷带包扎；虽然不是接生婆，但她自己清洗婴儿。她计算孕妇怀胎的月份，她喜欢阻止孕妇分娩的产道扩张”。这个作恶多端的女魔将黄疸、产褥热、精神错乱、产后抑郁症、瘫痪等诸多灾难带到人间，是两河流域产妇死亡和婴儿夭折的最大凶手。

“暴风少女”阿达特莉莉是个忧郁的鬼新娘，她是个永远无缘享受夫妻性爱和生儿育女权利的处女。她游荡在沙漠旷野之中，“她是从未体会到性爱快乐的姑娘”，“她没有丈夫也没有儿子”，“痛苦令她的脸颊变得丑陋”……于是她痛恨世间一切恩爱家庭，不时“飘荡进某家的窗户，寻找受害者，充当他们的丈夫或妻子”，除了施展魔法害得男子阳痿女子不育之外，阿达特莉莉还会直接杀死孕妇和婴儿，将亡魂带到永恒之地变成一个永远也不能生育的魔怪的一部分。

魔高一尺，道高一丈，两河居民不断想象出能与病魔抗衡的神灵。到了新巴比伦时代，拥有“治疗”功能的神灵主要有主神马杜克、智慧之神埃亚和他的妻子大地母神宁胡尔萨格，埃亚和宁胡尔萨格的孩子阿萨鲁黑精通治疗疾病的咒语、达姆能驱赶魔鬼修复被撕裂的肌腱，此外来自亚述的尼努尔塔和他的妻子——医疗和医生的保护神古拉、他们的儿子宁吉施纪达以及尼那祖也都是拄着蛇杖的医疗之神，蛇杖上的萨善神蛇象征着治愈和重生。

在上述所有医术之神中，还有一位长着狗脸、眼睛凸出、背生双翼满身鱼鳞，拥有蛇头形状阴茎和鸟爪的帕祖祖。这位大神虽然相貌

卢浮宫博物馆藏，辟邪
用的帕祖祖神像

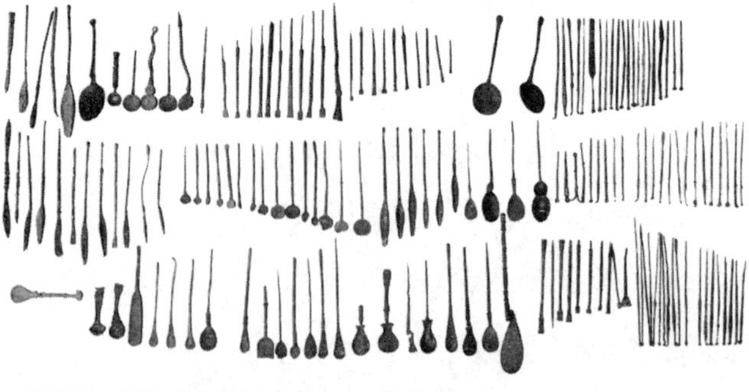

古希腊的手术器械受到美索不达米亚医学的直接影响

诡异，却是最危险的恶魔拉玛什图的死对头，他总是与这个女魔头作对，将其逼退到地下躲藏。因此两河流域的住宅中经常安放帕祖祖神像，尤其是孕妇和婴幼儿都要佩戴帕祖祖的青铜头像作为辟邪的护身符，在护身符背后刻着一句咒语铭文："我是帕祖祖，罕比大神之子，强大的封魔之王！"

早在汉穆拉比的时代，医生便已经从祭司中分离出来，成为一种社会职业。医生分成两种：一种是以跳大神为治疗手段的巫医阿什普，他们向巴比伦之神马杜克祈祷，借助神灵的力量用符法和咒语驱逐作祟的魔鬼来治病，但这些人也总结出了一些治疗精神疾病的手段；一种是通过医术治病的医生阿苏，他们靠学习医学典籍积累治疗经验，依靠调制药物和使用器械来治病救人——阿苏所使用的柳叶刀、镊子和金属试管等器具已经与现代外科手术器械相差不大了，两河流域一直以高超的眼科手术技术而自傲。

不管是阿什普还是阿苏，巴比伦的医生社会地位都不高，他们与占卜者、旅店老板和面包师同属于一个社会等级。就法律规定的医疗事故责任而言，阿苏的地位可能还低于巫医：《汉穆拉比法典》中规定了医生外科手术如果令奴隶死亡或者致盲，那么失误的医生需要赔偿奴隶全部或者一半的身价。如果自由人死亡或者成为盲人，那么倒霉的医生就会被砍掉双手作为惩罚……

当然，在泥版中也记载着一些地位崇高的医生。

在亚述和巴比伦时代宫廷中的御医首领被称为"马什马图"和"阿希布"，这些医生凭借精湛医术成为王室成员所信赖的近臣，还不时有派往外国为友好国家的元首治疗的机会。每当返回时不仅收获了荣耀，更有大笔财富入账。

名医之路

在巴比伦雨中奔跑的阿拉德纳奈此刻还不敢想自己能成为这样的绝世名医，他只是个需要养家糊口的手艺人。在这个时代，像他这样以外科手术为主的医生还算好运，能够独立行医执业也被视为独立的阿苏。在更早的苏美尔和亚述时期，外科医生属于在人身关系上依附于普通阿苏医生的下贱行当，常常由医生的奴隶担任……

转眼间已经来到辛马吉尔家门口，门槛下方放置着一排装着黏土神像的神龛，这些神龛朝着屋内方向开口，几个黑红色的人形、鸟首人身、长须老翁、狗身蛇首蛇尾神像被石灰水刷洗得干干净净，但并没有保佑这座宅邸免受病魔骚扰。

当他迈步进门时，一股浓厚的烟气伴随着女主人焦虑的祈祷迎面扑来：

闪闪发光的基拉，安努之子，伟大的英雄，火神三兄弟中最强悍者！你和辛神、沙玛什神一样能判明世间万事的真伪，你知晓我所拥有的一切，请你烧死那些伤害我家人的巫师和巫婆以及他们招来的邪魔外道！

哦，基拉，抓住他们！

哦，基拉，烧死他们！

哦，基拉，吃了他们！

哦，基拉，消灭他们！

哦，基拉，送他们走吧！

辛马吉尔的妻子对着火盆祈祷着，阿拉德纳奈留意到房子里还传来一个年轻女子的惨叫声和老妇人焦虑的嘶吼——这家雇主的儿媳正在生孩子！果然，在为丈夫祈祷之后，老妇人立刻为即将出生的孙儿祷告：

慈悲的伊丝塔女神，在大洪水时，你说要毁灭人类便毁灭了那些你不赐福的人类，你应许了那些你赐福的人类存活……你应许了这孩子的出生，因为他是你所赐福的胎儿，因为凡是非你赐福者都将胎死腹中。

虽然受过剖宫产的训练，但这产妇的哀号并不是阿拉德纳奈此行的原因——在巴比伦时代接生这种不洁净的下贱行当并不是医生干的，从事这个行当的大都是些凭经验吃饭的接生婆，她们缺乏学习和掌握助产知识技术的途径和动力，这就导致了巴比伦时代非常高的婴儿夭折率。

阿拉德纳奈沿着狭窄陡峭的泥砖台阶走上二楼，病人正在卧室里等着他。今天是进行眼科手术的日子，不过这次手术的难度并不算低。巴比伦人有时会为倒睫所苦，所以巴比伦的医生们很擅长处理这些不走寻常路向内生长的眼睫毛。他们直截了当地把患者眼皮翻开，用手术钳将令人心烦的睫毛拔个精光，接着用精细的铁针烧热后插入睫毛毛孔中烧灼永绝后患。

但辛马吉尔是个失明的老人，阿拉德纳奈来到这里要进行一台白内障摘除术。与现代一样，巴比伦时代的白内障也是中老年人失明半失明的重要原因。这种眼科疾病因晶状体代谢紊乱而导致蛋白质变性发生混浊，巴比伦手艺精湛的阿苏们拥有治疗白内障的丰富经验。

阿拉德纳奈放下医疗箱后首先陪着辛马吉尔一同向马杜克祈祷——巴比伦人相信病人通过祷告将自己的情况告知马杜克之后，这位守护神会将病情转达给智慧之神埃亚。埃亚知晓所有疾病的治疗方法，他会告知马杜克如何驱除骚扰患者的病魔。阿拉德纳奈还单独向医生的守护神古拉女神祈祷，希望仁慈智慧的女神保佑自己马上就要进行的手术操作顺利，不会带来意外和麻烦——那对于外科医生而言预示着很可怕的后果。接下来，阿拉德纳奈打开医疗箱取出包在细亚麻布绷带里的器械，青铜手术刀和铜针铁吸管互相碰撞发出悦耳的叮叮当当的声响。但这轻微的声音随即被产妇声嘶力竭的号叫压倒，这让病人和医生都为之心烦意乱。

与古希腊式的以探针击碎并抽出白内障的复杂高风险方法相反，巴比伦的白内障手术采取简单大胆的“白内障压下术”——这一技术到现在依旧被眼科医生所采用。阿拉德纳奈吩咐奴隶将自己的主人牢牢捆绑起来，以防止他因为痛苦挣扎而造成意外。接着他为辛马吉尔敷上麻醉剂，深吸一口气后用锋利的柳叶刀飞快地切开辛马吉尔的眼皮，再用一根铜针将晶状体向下推离原位。

这一手术进行得干脆利落，当缝合结束后辛马吉尔已经不再是个盲人了！

辛马吉尔睁着迷蒙的眼睛打量身边的一切，他感谢马杜克的神恩和医生的妙手回春。阿拉德纳奈自己也松了一口气，他接过奴隶递过来的陶盆，按照传统习惯用湿黏土捏出一个泥狗，嘴里祈祷着医生的咒语："当古拉女神的神犬干燥之时，病人的伤口也将痊愈……"手术至此顺利结束，阿拉德纳奈在奴隶带领下到楼下狭窄的浴室中清洗双手和手术器械。奴隶用陶盆倒出清凉的井水为医生冲洗，污水从抹过灰泥的地面流过，从一个排污孔洞中流出去。

忽然，产妇的哀号消失了，一声响亮的婴儿啼哭声响彻整座庭院。当阿拉德纳奈从浴室中走出来的时候，辛马吉尔的儿子带着一脸疲惫和宽慰混杂的神情正等在那里。

"赞美马杜克和伊丝塔，保佑你膝下儿女成群！是男孩还是女孩？"

"谢谢您，感谢众神赐福，是个儿子。"

阿拉德纳奈掏出一块陶片，用铜针在上面刻写病历和处方。按照新巴比伦的法律，这份处方必须写得非常详细，便于发生医疗纠纷时作为审判证据。在出土的病历实物中能看出巴比伦医生对肠胃炎症状的描述如下：

病人患肠道疼痛，食物不能在此存留，全部自口吐出，胃似穿孔一般，观察病人肌肉消瘦，肠内似有风往来移行，兼之大便不通，于是医生说道……

对于肺结核症候的描写更是极为准确：

病人常常咳嗽，痰稠，有时带血，呼吸如吹笛，皮肤发凉，两脚发热，大量出汗，心乱跳。病极重时常有腹泻……

在保存至今的陶片病历中包括病人病历和医疗过程摘要，以及后续的药物和护理医嘱。医生必须让患者及其家属明确了解病名、治疗过程、后续使用药品及用法。与巴比伦的其他技术行业一样，医生也非常注意保守自己的商业机密。阿拉德纳奈书写下辛马吉尔接下来需要内服和外敷的药物配方，也会将医疗箱中准备好的药物留给家属，但绝不会写明各种药物的使用剂量，确保别人看了药方以后无法配置出同样的成品药物。

新巴比伦时代的药物依旧沿袭了苏美尔时期的经验，分为植物、动物和矿物三类，在分类方式上非常类似中药：植物类药物原料包括植物的花、叶、果、皮、根，常用药物植物品种有无花果、百里香、灯芯草、莲藕、橄榄、大蒜、罂粟、月桂等；动物类药物原料包括蛇皮，龟甲，各种动物的脂肪、血液、乳汁、骨头和内脏器官，常用药物动物品种有乌龟和甲鱼、水蛇、蜥蜴和蝎子，以及狗、牛、羊和骆驼等；矿物类药物原料包括盐、铜、铁、明矾、硫黄、沥青和淤泥等。这些药物的调制过程也与中药炼制非常类似，都要经过精心加工、磨合，制成各种药剂，按照不同的服药方法，分为内服、外敷、吸剂、熏剂等，巴比伦医生还擅长使用直肠或阴道灌注的用药方式，除此之外还有麻醉剂等外科手术中不可或缺的辅助药物和体操锻炼、按摩恢复等理疗手段。

辛马吉尔的儿子接过医生准备好的病历和药瓶，药瓶上刻着药名和用法用量，在病历中也有详细说明。按照法律规定的价格，他在泥版上签字承诺支付五谢克尔白银（约合四十五克的白银）。在巴比伦不同阶层的人所需支付的医疗价格并不相同，按照法律规定“如果医师用铜制柳叶刀为一位贵族施行大手术，挽救了他的生命，或者用铜制柳叶刀切开一位贵族的眼窝，挽救了他的眼睛，他应当得到十谢克尔白银”，但辛马吉尔是个中间阶级的自由民，因此只需要支付五谢克尔白银，如果换作奴隶来接受手术的话他更是只需要支付三谢克尔——但他的主人需要补齐不足的两谢克尔白银。

当阿拉德纳奈收下钱走出辛马吉尔家的大门时，春雨已经停止，灿烂的阳光照耀着巴比伦的街道。这位医生迈着轻快的步伐回家去了，他还不知道自己将一步步抵达“马什马图”和“阿希尔”的崇高地位，成为巴比伦宫廷的座上宾，并且被派遣到国外为各色各样的权贵诊治疾病。他所留下的病例诊治著作中包括为巴比伦国王开出的药方和医嘱信件，还留下了救治重病王子的记录。但这一刻，他还只是个普通的民间阿苏，刚完成了手术帮助一位严重的眼病患者重见光明。刚健质朴的楔形文字刻下了一位伟大名医稚嫩时期的记录，和过去的岁月一起埋在美索不达米亚平原深处。

第四节

泥版与读书郎

春末夏初时节的乌尔城不冷不热，温度让人感觉很舒适。

一位年轻的书吏端坐在房间里，用芦苇秆在泥版上奋笔疾书，回忆像潮水般涌来，一串串楔形文字记录下他自己的故事：

多年前，同样是一个春末夏初的早上。乌尔城里的体面公民伊格米尔辛起床后从容不迫地洗漱一番，他缓步走到自家庭院当中，眯着眼睛看看天空的阴云——真是个好日子啊！

伊格米尔辛家的院子里晾晒着数百个“小圆面包”，院子中央放着一口大锅，锅里是一大堆泡在混浊汤水里的小陶罐。庭院四周墙壁角落安放着一些浅浅的陶质水槽，水槽里却盛满了干燥的泥土粉末。

伊格米尔辛走过院子里成排的石凳子——这些凳子坐满的话可以容纳五十人以上，而他除了一般巴比伦家庭正常用房之外还有一大一小两个特殊房间，这两个房间没有门窗，也没有正式的房顶，只有一个木架草棚半搭在四面墙上。大房间里整齐地摆放着四排石凳，能容纳近五十人，小房间内只有三排石凳，能容纳二十多人。

出太阳了，阳光从屋顶照进来，无声抚摩着那些岁月悠久的石凳

荒芜的土丘之下埋藏着书声琅琅的校园

和泥砖墙，也照亮了地板上被脚底板日复一日磨出的深深痕迹。“吱呀”一声响，几个少年推开院门走进伊格米尔辛的院子，他们恭敬地向房屋的主人行礼，随后从院子中央的大锅里选择一个陶罐，再从地上捡起一个干燥的小圆面包，将陶罐里的水倒在面包上。

被水润湿的面包这下现了原形——它们其实是一个个泥土球。

少年们将湿润的泥土球在小石板上压扁弄平，双手扯紧亚麻绳子勒出横平竖直的格子，然后拿着削成尖头的芦苇秆或细木棒在石凳上坐好——学校要开始一天的课程了……

苏美尔的埃杜巴

知识就是力量，苏美尔繁盛的文化催生出大量对知识分子的需求。城市的产生使得农业、手工业和商业都快速表现出集中化的趋势，城市的管理者需要大量受过训练的人员去从事观测天象、丈量土地、兴修水利、建筑城市等专业度极高的工作。农业、手工业和商业的繁荣又反向催生出各个城市政府机构的大量文牍工作岗位，基于这种现实需求，从公元前 3000 年起苏美尔人便留下了“我教你用手执笔，而不是用手去耕田种地”这种类似中国“学而优则仕”的格言了。

要掌握知识就得识字，而学会写复杂的楔形文字就需要在专门机构里学习，需要在学校中进行长期训练。于是苏美尔人创办了世界上最早的学校“埃杜巴”，这个词的字面意思是泥版房屋。埃杜巴培养出的书吏掌握基本的书写计算技能，成为一个个维持苏美尔城邦政治

书写楔形文字需要经过长期的专业训练

一位教师正在制作泥版

经济运转的齿轮。

苏美尔学校的校长被称为“乌米亚”，直译过来是“最有学问之人”的意思，他也被称为“学校之父”，本身也是学校中最有威望的老师。乌米亚的身份能够保证他在苏美尔社会生活中赢得非常体面的尊敬和荣耀，在一块泥版上记录了苏美尔人对校长的赞美：“您是伟大智慧和知识的化身，是我们之中最有远见卓识之人。”

教师在苏美尔语中被称为“泥版书屋的书写者”，他们和所有时代的教师一样喜欢舞文弄墨卖弄学识——毕竟除了身为教师的薪水之外，大家还需要兼职从事书吏等和自己专业相关的工作来贴补家用。苏美尔时代的教师队伍已经实现了一个人负责一个学科的教学模式，有美术老师专门教授绘画，有语文老师专门教授语言交际和辩论技巧等。学校里除了正式教师之外还有助教岗位，这些年轻资历不够的见习教师被称为“大师兄”。大师兄要协助正规教师进行很多课前课后课内课外的准备工作，他们要为幼年学生准备泥版、检查批改作业，帮助学生复习功课解答疑难。除此之外，苏美尔的学校里也少不了后勤和行政管理人员，这些行政管理人员负责学生的课程安排、图书馆维护和其他后勤工作，等等。

顺便提一句，如果要问苏美尔教育体系体罚不体罚学生这个问题，实事求是地讲：不听话的差等生不仅要挨打，而且还是用鞭子抽！当然，对于学习好的优秀学生也是有相应的表扬奖励措施的。这些事情一般也由行政管理人员实施，当然在人手较少的学校里基本就由校长本人包办了。

苏美尔时代的教育机构大致上可以分为三类：公立学校、神庙学校和私立学校。其中公立学校在拉尔萨、乌鲁克和马里城都有遗迹出土，这种学校靠近城市里的王宫建筑群，学生来源都是中高阶官吏和贵族子弟，充分体现出“贵族学校”的特点。学生在校期间要学会草拟国王旨意、制定法令、起草外交文书、编写政府公告等诸多行政技能，因为公立学校培养的是国家未来的中高阶层行政官僚队伍；神庙学校与公立学校类似，也靠近神庙建立，甚至直接就是神庙的组成部分，这类学校以沙杜蓬城尼沙巴神庙附近的学校为典型，教学者大多是祭司，所传授的知识以宗教理论和祭祀仪式为主，学生来源是祭司和与祭司集团关系密切的显贵之家，学校培养出的是后备祭司团队和高级技术官僚以及负责王室子弟教育的老师；各城市的私立学校一般都位于书吏聚居的住宅区周边，它们培养的是普通人家的后代，学生掌握文字书写和数学计算等基本技能后，将来可以尝试谋取一份诸如公证人员、土地测量员、石碑题字者、速记员等较为卑微的低级政府公务员的职务，当然也可以进入商业贸易行当，依靠知识为雇主进行记账等服务。

苏美尔时代流传下来的教育模式一直延续到新巴比伦时代结束都没有大的改变，不过随着社会经济的发展，学校规模越来越大，不断向着大众化方向发展。

在古巴比伦汉穆拉比时代，学校已经遍及美索不达米亚所有的城市，为这位伟大君主治国理政提供源源不断的人才储备。他的臣子中很少有文盲，在公立学校中寄往某位大臣妻子手中的一封泥版信件中，写信少年以歪歪扭扭但正确无误的楔形文字指责母亲不给他钱去追赶时尚，使得他一身土味衣服沦为同学的笑柄，这大大有损他身为汉穆拉比宠臣之子的身份。

到了新巴比伦的尼布甲尼撒二世在位时，教育甚至成为巴比伦对外征服的战略工具：他攻灭犹太王国之后，立刻将巴比伦的学校制度推行到叙利亚——通过对犹太和迦太基的儿童进行洗脑式教育使其“巴比伦”化。

话说回来，巴比伦的教育的确是遥遥领先于同时代周边国家的。在巴比伦的学校中，以神庙学校毕业的学生素质最优秀，新巴比伦时期的神庙学校已经与现代学校非常类似了。

美索不达米亚文化中一直认为知识是神赐的恩典，因此祭司集团理所当然地垄断了涉及国计民生的重大知识资源和科学知识，祭司们一向肩负着观察星象预测未来、计算水利管理灌溉、测量土地统筹农耕等重大使命，关于植物学、动物学、矿物学、建筑学、天文学、地理学、数学、医学和神学等高深学科知识基本只在神庙学校中传授。若非出身于祭司和权贵之家，几乎不可能学习这些被秘密垄断的专业知识。

除了理科之外，神庙学校在文科方面也有专门学科设置。它们开设文学院，专门搜集整理苏美尔时代以来的美索不达米亚文学作品，并且创作撰写属于自己时代的文学作品。古老的苏美尔时代流传下来的很多神话、寓言、谚语、格言、史诗，正是通过学校才延续了下来。

寒窗苦读

乌尔城中的年轻书吏凝神回忆着伊格米尔辛的学校中的艰苦学习生活，那是一段不堪回首的日子：

“学生，你每天早早起床去哪里？”

“当然是去先生的学校。”

“在学校里你做什么？”

“我背诵昨天学的课文，然后去吃午饭，下午预习今天要学的新课本，还得抄写在泥版上。老师教课时会布置口头作业，下课后还会留下手头作业。放学后我回到家里，立刻要向父亲汇报这一天的功课，向他背诵今天学到的新课文……”

神庙学校中有着鲜明的等级特色，它是为统治阶级培养接班人的高级贵族学校。总体而言，教育更广大人群的还是私人经营管理的书吏学校。巴比伦人使用的官方语言是阿卡德语，这种语言是古代地中海世界通行的国际语言，它代表着教养和素质，学会它你才懂得应该如何通过宗教仪式与神灵交流，才能看懂政府机构的法令公文，才能与不同地域的学者和商人交流……它是步入文明世界的门槛，即使是如古埃及等强国的外交官也必须掌握这些复杂的楔形文字的读写，巴比伦的学生们自然也必须掌握这门语言。

古往今来任何时代的学习生活都是单调乏味的，巴比伦的孩子们还得加上体力需求：泥版虽然听起来古朴动人，然而每一块湿润之后的“小圆面包”都足有一公斤的分量，如果一篇课文有五十“页”，那么学生们翻来覆去就要搬动五十公斤的分量。就算是规模再小的私立学校，基本上也设置了语言、科技知识以及文学创作这三个专业课程。每天除了背诵课文之外，学生还要学习计算、几何以及其他科学知识，这是为了他们毕业后能够适应从管理土地到商业贸易的不同行业职业的需要。

从汉穆拉比时代开始，所有学校的学生都必须学习苏美尔文与阿卡德文的互译，他们日复一日地抄写、背诵泥版课文，这种机械的学习方法从最初的临摹符号开始，先强行记忆大量单词后才开始学习语法，最后记住并理解课文并融会贯通地使用。学生们要学习的课文有各种文学作品、宗教赞美诗、哀歌、祈祷词、史诗、英雄故事、法律条文和契约合同等等，涵盖社会生活各领域——这些被视为巴比伦人应当学习和必须掌握的精神财富。除此之外，每个学生都必须掌握初等数学知识，理解基础几何计算原理。当他们进入高年级之后，才开始学习各种诸如财务会计、畜牧知识等专业课程，以求他们结束学业后能够找到谋生的职业。

巴比伦的学校并没有所谓教育方法可言，教师们没有耐心谆谆诱导循序渐进，学生的死记硬背加教师的严厉督促就是成就学霸的秘籍。如果硬要为他们总结的话，只能说与北京烤鸭的催肥手法颇有异曲同工之处，唯一不同之处是高度紧张的鸭子胃部插管填进去的是饲料，高度紧张的巴比伦学生“脑袋插管填进去的是泥版”。

在伊格米尔辛的学校里有各种各样奖优罚劣的规章制度，表现好的有食物奖励，表现差的轻则罚站，重则挨鞭子抽，遇到不服管的倔毛驴还会像奴隶一样被锁上铁链子关到小黑屋里不给吃喝——如果实在遇到油盐不进的劣徒，伊格米尔辛也只好不赚这份学费把这位少爷开除学籍打发回家。

在巴比伦上学是很贵的，无论是在公立学校和神庙学校就学的贵族和祭司后代，还是在私立学校读书的平民孩子，都要以各种方式向学校缴纳昂贵的学费。巴比伦的学费充分说明了“书中自有黄金屋”的真理。根据对出土的两河流域文献的学生情况分析，目前发现的学生都出身于富裕家庭，他们是贵族之后，是政府官员和海外使节的公子，是祭司和军官、船长、税务长官、富商和学者的后裔。至于那些终日为三餐而奔波的草根阶层，无论是昂贵的学费还是长时间的脱产学习，都让上学成为一场无法圆的梦。

但话说回来，虽然所有的学生都是有点背景的，但巴比伦的教师依旧秉承“棍棒之下出学霸”的信条。

当伊格米尔辛准备开始授课时，一个孩子怯生生地走进学校，这个迟到的倒霉蛋立刻被老师板着脸叫住，于是出现了上面那几句关于“你每天早上为何而来”的问答。被训斥一番后，这个灰头土脸的孩子赶紧取了陶罐和干泥团后在石凳上坐好，开始准备自己的写字泥版。

同伴悄声问道：迟到的又不止你一个，怎么老师每次都专门骂你？这孩子撇了撇嘴说：因为他不喜欢我呗……这轻声的交头接耳自然瞒不过耳聪目明的伊格米尔辛，校长先生的授课情绪受到了干扰，他怀着怒气将这个逆徒劈头盖脸地训斥一番，接着勒令他立刻默写昨天讲过的课文。不出所料，这个学渣写的楔形字母丑得就像鸡爪子在地上挠了几下一样。

好，这下也别坐着了，你小子给我站着听课吧！

到了午饭时间，这个郁闷的孩子拿着面包走出学校散心，等他回来时又被伊格米尔辛堵个正着，这下可不是罚站那么简单了——校长先生举起棍子揍得这个胆敢一天之内四次违规的家伙屁股开了花！

下午回家后，这个孩子回到家里按照老规矩要向父亲汇报一天的功课。他忍不住一边哭泣一边恳求父亲为自己“想想办法”。而他的父亲便将伊格米尔辛请至家中殷勤招待，老师吃了一顿大餐后威严地坐在最尊贵的位子上，那孩子小心翼翼地在一旁伺候着。当老师吩咐孩子展示一下在学校学到的本领时，这个学渣浑身颤抖着背诵了几段课文，又汗流浃背地把泥版上写着的“鸡爪文”展示给老师。

在伊格米尔辛发表评价之前，孩子父亲恰到好处地“为老师沐浴更衣并赠以厚礼”，洗了个痛快澡并穿上新羊毛衣服的校长大人“龙颜大悦”，他打量着眼前的学生盘算着如何开头，这时孩子父亲又神奇地将一个金戒指套在伊格米尔辛的手指上。

伊格米尔辛的心变得柔软了，他被慷慨的家长感动，终于张开金口和颜悦色地说道：“孩子，你看看你父亲有多爱你啊！而你也没有辜负他的拳拳爱子之心，也没有把我的教导当耳旁风，你已经从我这里学得了学问的真谛。你照我的话做了，你瞧你写的这些字——已经达到了书写艺术的巅峰！在你的同学中你是佼佼者，在你的朋友中你是楷模！你已经出色地完成了你的学业，你简直可以说已经成为一个学者了……”

从此以后伊格米尔辛再也没有责罚过这个学生，而这个学生在得到“公正”的对待之后也刻苦读书，终于以优秀的成绩毕业并且成为一名书吏。

书吏之路

在一块出土泥版上写有这样一句箴言：

一个擅长书写的人，会像太阳那样光芒四射。

和其他古国一样，巴比伦的人民基本上都是文盲，只有很少一部分人能够读写，这批人就是书吏。

书吏伴随着楔形文字的产生而诞生，他是一个特殊的职业阶层，在社会上享有崇高的地位。在美索不达米亚人的眼中，只有那些受到神的眷顾和恩赐的人才能掌握极端复杂的楔形文字。这些掌握文字的人是“众神的书吏”，成为与神沟通的桥梁，自然会受到人们的崇拜和尊重。

楔形文字的符号数目虽然总共不到六百个，但每个符号都含有多重含义，最少的也有两个字义，平均代表了四五个音节。要理解和掌握这些符号和语法规则需要学习很长时间。因而，掌握这种书写技能的人非常少，这部分人便成了社会上一个特殊的知识阶层。在没有摄影器材的遥远的过去，书吏作为档案记录人员是美索不达米亚农工商业生产和官僚行政机构不可或缺的人员。尤其是当政府官员检查谷仓、核税征税、司法审判、开放新建神庙、监督水利工程和检查公共建筑的时候，总有一个书吏团队如影随形，事无巨细地将一切过程记录下来。

书吏是整个知识分子体系的基石，所有的高级专业人士都来自他们，不管是工程师、建筑师、医生、天文学家还是数学家，首先都得接受书吏的基本培训——毕竟你在做学问之前得先识字。以现在的眼光来看，一个书吏如果肯刻苦学习理科的话，他可以变成市政工程师、变成港口调度、变成水利工程师、变成道路规划者等等；如果他特别擅长文科的话，可以变成祭司、变成外交官、变成国王的行政官员等等；就算他什么都不擅长，只能做读写的话，那么也能得到跟随商队或者采矿队前往边疆的机会，或是作为使团的成员拜访遥远的异国，详尽记下外交谈判的每一次交锋和秘密条约贸易协定的一切内容。

对于人生选择不多的巴比伦人来说，成为书吏就意味着人生道路上出现了无数个分岔路口，并且条条大路通罗马。

书吏在巴比伦社会既然是贤良的代名词，那么也承担了许多无形的道德责任。人们希望书吏个个都是诚实君子，以强力的自律来维护自己的职业声誉。在苏美尔时代就已经有几万名职业书吏存在，但并不是说所有会写字的人都能成为书吏，这个职业是要经过严格的学习和考核才能被录用的。而要想成为有机会为王室和神庙服务的正式书吏，只有在学校中勤奋学习并且得到老师的充分指导后才有可能。正因为如此，两河流域的读书郎都渴望得到良师栽培好塑造自己的金光大道。在这种情况下，很多私立学校的老师会将学生收为养子，形成这种人身依附关系后，老师不仅教授学生学业，还可以让学生无偿为其提供服务。当然，这种现象应该只能发生在私立学校里。

屈辱、不甘、悲伤、痛苦都已随风而去，乌尔城中的年轻书吏以平静的心态继续在泥版上书写自己的回忆。按照巴比伦的传统，他没有在泥版上留下自己的名字，但这份被命名为《学生》的作品穿越数千年的时光被保留了下来，给人留下了无限的遐想。

第五节

爱恨西元前

2001 年，一首名为《爱在西元前》的歌曲问世，词作者方文山配合周杰伦谱的曲调挥笔写下一段充满浪漫主义的歌词：

祭祀、神殿、征战、弓箭是谁的从前？
喜欢在人潮中你只属于我的那画面。
经过苏美（尔）女神身边，
我以女神之名许愿，
思念像底格里斯河般的漫延。

当古文明只剩下难解的语言，
传说就成了永垂不朽的诗篇。

我给你的爱写在西元前，
深埋在美索不达米亚平原。
几十个世纪后出土发现，

泥版上的字迹依然清晰可见。

我给你的爱写在西元前，
深埋在美索不达米亚平原。
用楔形文字刻下了永远，
那已风化千年的誓言，
一切又重演……

这首歌带有一种浓浓的幻想气质，词作者想象巴比伦时代的异域风情，经过强烈的西式旋律编曲融合成为一首奇妙异常的歌曲。那么，就让我们哼唱着这首歌，重返巴比伦那美丽的传奇，看看“爱恨交加的西元前”吧。

婚纱背后

三千八百余年前的一个7月，巴比伦人纳比利舒迈着忐忑不安的步伐走进城中气势恢宏的沙玛什神庙。为这趟神庙之行，这个中年男子专门穿着苏美尔式长披肩礼服：一匹薄羊毛料子从他的左肩开始披上，包裹后背后从右臂下穿过又搭上左肩，再度完成一圈缠绕后在右腋窝处系紧。

纳比利舒走进神庙大门时，双臂以恭敬的十字交叉状表示虔诚和敬意，他带了一些从腓尼基进口的雪松木作为敬神的礼物，因为有教养的人都知道巴比伦诸神最享受柏树和雪松等“香木”燃烧时的香火。

巴比伦城的商人辛塔吉伽和五位管账祭司一同站在神庙中等待纳比利舒的到来，他们在这里将举行一次在太阳神见证下的借贷仪式。纳比利舒的儿子伊尔舒巴尼爱上了邻家女孩，虽然年轻人之间两情相悦，但是按照巴比伦的法律，必须是由这对小情人各自的父亲出面缔结的婚姻契约才能生效。法律还规定婚姻男女双方都必须交换礼品——男方先下聘礼，女方以高于聘礼的物品作为嫁妆。法律规定，如果男方违约另娶则失其聘金；如果女方毁约另嫁，则要加倍退还聘金——也就是说，这桩婚事首先要以男方下聘礼来启动。但纳比利舒是个手头窘迫的小商人，所以为了儿子的婚姻大事他必须借钱去支付这一笔聘金。

早在四千年前，银行业便起源于美索不达米亚。巴比伦的神庙除了履行宗教职责之外还拥有现代银行的职能，有专职的祭司从事保管金银、发放贷款、收付利息的货币兑换等活动。许多像辛塔吉伽这样的商人依附于寺庙和国王，为神庙或王室利益经商或是做借贷代理人。

根据泥版文书记载，巴比伦的祭司在经营银行方面很有经济头脑，他们讲信誉，也懂做生意。神庙银行的借贷对象主要是城市平民和农民，尤其是对农业方面的贷款——有时还会视借贷方的贫苦情况酌情减免利息。这样做一方面是为了显示神的恩赐，另一方面是出于维护农业正常生产的目的。巴比伦神庙的借贷一般分为两种，一种是实物借贷，一种是金银货币借贷。利息按照法律规定收取：实物为33%，金银为20%。那时市场上流通最广泛的货币是白银，但整个巴比伦时代都缺乏铸好的银币，只在亚述时代短暂出现过国家铸造的银币。大部分贸易只能靠用秤称金银的分量或是以泥版记账进行虚拟信贷交易，不论以哪种方式来计量，最小的称重单位都是“谢克尔”。按照巴比伦法律的规定，在五位祭司的签章见证下，沙玛什神庙以太阳神的公正正义之名与辛塔吉伽一起作为联合债权人，借给纳比利舒一又六分之一谢克尔（约九点三克）白银，纳比利舒承诺将在收获的季节还本付息，利息根据本金和标准利率计算。契约被神庙的书吏抄写在湿润的泥版上，纳比利舒看着尖头芦苇秆在湿泥中快速书写，不由得想到很多因欠债而破产的倒霉先例——毕竟他在支付聘礼后还得再想办法借钱举办儿子的婚礼。根据古巴比伦的法律，欠债不还的人必须将他的抵押物赔偿给债权人。纳比利舒的房屋早已因为商业借贷而抵押掉了，那么他如果在收获季节之前没能通过做买卖把钱赚回来的话，就得将妻子儿女送到债主家里做三年的债务奴隶，第四年才能骨肉团圆。

当然，债务奴隶还不是最悲惨的。

那些真正世代为奴的人们按照法律，不分男女都留着一缕标志身份的特殊头发，如果哪个理发师敢瞒着主人为奴隶剪掉这缕头发的话，该理发师就会被处死在自己家门口。

就在前往神庙的路上，纳比利舒见到一个绝望的穷苦寡妇将一对幼儿送进神庙——她宁愿孩子们终身为奴也不愿看着他们饿死……

书吏的轻声呼唤将神游天外的纳比利舒拉回现实，写好契约的泥版被烤干并装进一个陶土信封，书吏提醒应该在信封的泥封处盖上借方印章了。纳比利舒连忙取下挂在脖子上的滚印——这种石质印章是苏美尔人的发明，他们在石头上刻出描绘神灵、动物和人物的图形，在湿泥上滚动按压出一幅连续的封印图案，以此表示对某事物的约定。从苏美尔到巴比伦，商人们在交割货物运输时都会首先检查封口处滚印泥封的完好性，只要干燥易碎的印章图案保持完好无损，收货方便会欣然收下。

对巴比伦时代的人们来说，滚印和手杖就是一个体面人的身份标志。他们习惯在印章上钻孔后穿绳挂在脖子上随身携带，他们的滚印图案比起苏美尔时代已经变得更加精致美观。在巴比伦时代的滚印上经常出现描述神话和英雄史诗的图案设计，贵族和官吏还会将自己的人像和官职以及格言都一并刻在印章上，这是他们用以标志身份的特殊"名片"。

纳比利舒郑重地在泥封处压上自己的滚印图案，他微微颤抖着将陶土信封交给辛塔吉伽。按照法律规定债权人将保存这份借贷契约，等到债务偿还之日再当着债务人的面打开销毁。这份契约既可由债权人自己持有，也可以出售给他人从而将债权转让——这正是现代证券交易过程的雏形。

拿到借款的纳比利舒走出神殿黑暗的大殿，他望着灿烂阳光下暴晒的大街，打起精神想象着孩子们未来的好时光。一又六分之一谢克尔白银大约等于一个体力劳动者一个多月的收入，它可以换来十二西拉（一西拉约合一公升）的豆油或三百西拉的草木灰肥料又或是六百西拉的盐或大麦——但现在它将换来伊尔舒巴尼这孩子的终身幸福。

纳比利舒缓缓走在回家的路上，盘算着该如何召集亲朋好友一起上门提亲。这桩婚事被敲定以后，就要举行订婚仪式了。

在欢乐的订婚仪式上，伊尔舒巴尼要在自己的未婚妻头上洒香水，并送上厚礼。

一对新人在泥版文书上郑重签署《婚姻契约》，确认过这份法律文件之后，邻居家的女儿在巴比伦法律上就成为纳比利舒家庭的一员了。

到了约定好的结婚日子，新娘的父亲会牵着女儿的手并交到伊尔舒巴尼手上，伊尔舒巴尼会在婆家娘家全体近亲属和由两位成年男亲戚担任的证人面前揭开新娘的面纱，向参加婚礼的亲戚朋友郑重宣布：这是我的妻子。

到此为止，伊尔舒巴尼的新娘就获得了法律和习俗都承认的“妻子”身份。在那之后，自然是欢宴和歌舞。男宾客们会把酒言欢，女眷们则聚在一起舞蹈庆祝。等欢宴散去夜深人静时，便是伊尔舒巴尼小两口的洞房花烛夜，虽然巴比伦的男孩女孩往往在婚前就已经偷尝禁果，但这次是他们两个开启新生活的标志。

再往后，纳比利舒仿佛见到孙子孙女欢呼雀跃着向自己奔来，他在这一刻终于露出欣慰幸福的笑容。按照巴比伦的法律规定，贷款被偿还之后，契约泥版会当着债务人的面在硬地上彻底砸碎或者以沉入水塘中化为淤泥的方式销毁。但是纳比利舒的这份契约一直深藏在神庙中，直到数千年后出土为止。

纳比利舒到底遇到了什么难题以致没能在约定的收获季节偿还贷款已不得而知，只有泥版碎片在尘埃中无声讲述着这位贫寒父亲的故事……

爱恨西元前

古巴比伦时代，坐落在一座巨大不规则土丘之上的尼普尔城中正进行着一场民事官司审理，这场官司由城市西部一个富裕的商人街区的法庭审理，官司的原被告双方分别是富家女出身的少妇艾玛苏卡尔和她的丈夫恩利勒伊祖——准确地说是这对怨偶互相控告了对方。

街区法庭的法官召集了当事人以及相关证人，他手捧一根象征着城市保护神恩利勒的权杖，缓步走到供桌前放好，嘴里念诵着赞美神灵和祈求他帮助自己做出公正裁决的祈祷词。完成这一法定仪式之后，法官大人端坐在自己的座位上，以恩利勒的名义要求所有的当事人和证人对案件细节做出如实阐述，并警告将对做伪证和诬告的人进行惩罚。于是原被告双方都对恩利勒神发誓自己所言非虚——这种传统流传到西方世界，成为参与诉讼的人员在法庭上手按《圣经》进行宣誓的滥觞。

与此同时，法庭上的书吏用水润湿了泥版，手握芦苇秆做好速记准备。

现在，审理开始了。

在美索不达米亚地区的家庭关系中，夫妻地位向来是不平等的。以古巴比伦时代的社会情况为例，当时人们的婚前性行为较为普遍，男女之间你情我愿就可以在一起，不喜欢了随时可以分开，不受指责。一旦结婚后，法律保护婚姻关系，坚持一夫一妻制度（允许纳妾，但女方要戴作为侍妾标志的橄榄树枝，不得享有正妻的地位和待遇），对婚后出轨惩罚严厉——《汉穆拉比法典》明确规定：如果有夫之妇与人通奸，那么处死奸夫淫妇。但这些法律规定和习俗观念并不意味着婚姻中双方地位平等。

在古巴比伦时代的家庭中，丈夫占绝对统治地位。丈夫如果对妻子不满意了，只要把她的嫁妆还给她，并说：“你走吧，我不要你这样的老婆！”就可以离婚休妻了；但妻子却不能同样对丈夫说：“你走吧，我不要你这样的老公！”然后便拎着行李走人——她还得证明自己对婚姻失败没有任何过错才行。

不育、通奸、性格乖戾、不会持家等理由都是巴比伦男人们休妻的理由，在那个妇女没有公民权和财产权的时代，丈夫不但可以休妻，甚至可以杀妻：“为人妻者，如懒惰、放荡、不顾家或轻忽子女，均可溺毙之。”

当然，古巴比伦的法律也有保护妇女权益的条款。法律规定妻子虽然不能随意申请与丈夫离婚，但如果她能证明丈夫毫无理由地虐待她或有外遇，均可携其嫁妆及应有财产回娘家住。不要小瞧这项权利，毕竟英国女性一直抗争到 19 世纪末才获得了它！此外，对于那些因为生活所迫而失身的女子也有豁免条款：如果丈夫应征入伍或经商在外超过一定年限而妻子生活无着时，妻子可以与别的男人姘居，而丈夫不得以此作为理由休妻。

在古巴比伦的实际生活中，离婚休妻并不是简简单单上嘴唇碰下嘴唇的事。法律给了丈夫权利的同时，也给了妻子申诉的机会。《汉穆拉比法典》中将离婚作为重要部分加以强调，规定的那些条款其实是为了限制随意的离婚和分居。以纳妾规定来看，汉穆拉比陛下并不认同男人们只要有钱就能去找小老婆这个观点，法律明文规定只有满足以下两种情况之一时才能纳妾：

第一种是妻子没有生育能力，此时丈夫可以纳妾或纳女奴。法律规定“如果一个自由民娶妻不育一直未有子嗣，而他也愿意纳妾的话，那么他可以带之进入其家”，但同时“如果一个自由民娶妻不育一直未有子嗣，此不育之妇已经给其丈夫纳女奴并生有子女的话，若此自由民意图纳妾，则不应允许此自由民纳妾”。由此可见法律规定不育家庭中男主人只能在纳妾和纳女奴间二选一。

第二种是妻子患有疾病，这时丈夫可以另娶一个新妻子，但“不应离弃其患病妻子，此患病妻子有权利住在丈夫家里，丈夫应当终生赡养其患病妻子”。

古巴比伦对原配妻子地位的保护也有相关规定，无论是小妾还是女奴都在家庭地位中受制于女主人。以当时的道德观念来看女奴为主人生下孩子是一项值得骄傲的“成就”，她因此可以剪掉标志奴隶身份的特殊头发，但这并不能改变她身为奴隶的身份，当她因受宠或怀有子女而表现出不恭敬之举时，法律保障女主人对该女奴做出种种惩罚的权利。

值得一提的是，古巴比伦法律设置了最早的军婚保护条款，除军人自愿离婚之外，禁止其他离婚要求。为保护军人家庭的完整性以稳固作为国家支柱力量的军队，在军人被俘的情况下，若其妻子尚有生活下去的条件则“其妻应保存自己的财产，不应进入他人之家，如该妇不保存自己的财产而入他人之家，则应受到检举并被投入水中溺死”；若被俘军人妻子失去了基本生存条件，那么法律也允许她改嫁另谋生路，但一旦被俘军人获得自由返回的话，军人可以无条件索回自己的妻子，妻子与后夫所生子女应当属于他们的生父。

综上所述，古巴比伦的法律对离婚做出如此详尽规定并不是为了方便人民离婚，而是为了保护婚姻限制离婚。美索不达米亚的法律传统上以维护基本社会秩序为出发点，古巴比伦人实行的不是群婚或对偶婚习俗，一夫一妻制构成的家庭是社会体系的最基本组成部分，统治者不愿看到大批失婚妇女在街头流离失所，法律希望的是人人循规蹈矩婚姻关系稳固。

事实上除了夫妻双方各自出身地位极其悬殊的情况之外，古巴比伦社会中更多的是一对对在死亡婚姻中扯皮煎熬的怨偶，毕竟娘家人肯定不会对女方被扫地出门这件事一笑而过坐视不理。所以套用一句中国人的谚语来说就是：凑合着过呗，还真能离咋的？

但真到了非离不可的地步又该怎么办呢？很简单，打官司呗。

尼普尔城中，艾玛苏卡尔与恩利勒伊祖的官司令法官分外烦恼：丈夫指控妻子犯有蔑视丈夫傲慢无礼的罪行，妻子则指控丈夫在生活中虐待自己并迫使她主动提出离婚。

在一来一回的互相指责中，精明的法官很快捕捉到一个关键点：恩利勒伊祖似乎在耍手段逼迫艾玛苏卡尔主动提出离婚，而这一点关系到艾玛苏卡尔嫁过来时带给男方的那笔丰厚嫁妆的归属。从苏美尔时代开始，美索不达米亚的妇女们便以男性附属品的身份生活，她们没有基本的政治和财产权利，未出嫁前被父亲支配，成家后被丈夫支配，甚至成为寡妇后如果未生儿子的话连住在亡夫房子里的权利都没有，因为只有儿子才有继承权。在这种环境下，所有疼爱女儿的老父亲只有为孩子准备好丰厚的嫁妆，以此作为一个女子未来生活的基本保障了。

到了古巴比伦时代，为女儿准备嫁妆不仅是父亲的义务更是一项法律责任，如果一个男人没有来得及为女儿准备好嫁妆就去世的话，她的兄弟们应当从遗产中分出合适的部分作为她的嫁妆，并且为她寻觅一个夫婿出嫁。

身为一个古巴比伦时代的女孩，她可选择的人生道路并不太多。对于有钱人家的女孩而言，她可以选择进入神庙做一个女祭司——无论是王室公主还是富商之女都有权带着自己的嫁妆进入神庙，她们的父亲一般会指定在她们身后由兄弟继承嫁妆以免财产流失。除了做祭祀之外，受过家庭教育的女孩们还能在宫廷或神庙中做书吏，这些女书吏中还有不少是在贵族之家受过教育的女奴隶，她们作为大贵族女孩的“嫁妆”而存在。贫苦人家的女孩也可以在王宫或神庙中从事体力劳动，她们做纺织女工、在厨房打杂或做个洗衣工人。在一些泥版中还发现有身为中产阶层的女外科医生、旅馆老板娘、女占卜师和女演员等社会角色出现，但她们在这些领域中的影响远不及男性，也无法确认她们是否得到了社会尊重或承认。对于更广泛的女性群体而言，她们的人生依旧还是走上了出嫁后做个家庭妇女的道路。古巴比伦时代的结婚年龄很早，尤其是在家境不好的平民女孩中，很多人在八岁到十岁之间就会成为新娘——她们往往以童养媳的身份待在婆家。

嫁妆的多少是女方家庭贫富的体现，更直接关系到女方婚后在婆家的地位高低。由于事关女儿的尊严和幸福，所以古巴比伦时代的女方家庭会尽可能地拿出一份种类丰富价值不菲的嫁妆来。以目前发现的一份巴比伦城的马杜克女祭司嫁妆清单来看，这位贵族之家的女子有包括两名女奴隶、详尽记载重量和种类的金银首饰、十件日常衣服和二十个面纱头巾、一套高级礼服、两件束腰外套、一个皮箱子、一头公牛、两头母牛、三十头羊、二十斤羊毛、一个四十升容量的铜水壶、一个磨小麦粗粉的石磨、一个磨大麦粗粉的石磨、一张床、五把椅子、一个大篮子、一箱理发工具、一个大背篓、一个有锁的箱子、一个没锁的箱子、六十升油、十升上等好油、一张梳妆桌子、一张办公桌子、两把梳羊毛大梳子、三把梳头梳子、三把小汤勺、两台织布机架子和一箱织布梭子、一个小容器架子等等，此外还有作为陪嫁的妹妹。

这些嫁妆涵盖了衣食住行的生产生活工具以及伺候新婚夫妻的奴隶等各方面，有些更阔绰的嫁妆还包括房屋、田地等不动产。所有的嫁妆都用精确的量词进行记录，这是为了保证女方的财产不受侵犯，因为任何男方亲戚都无权对嫁妆提出要求，这是完全属于女方的财产。在女方身故之后要么由她的孩子继承，要么返还给她的父亲。在丈夫身故之后，女方有权带着嫁妆再嫁。为此古巴比伦寡妇一般会被公婆安排嫁给丈夫的兄弟，以保证她的嫁妆还能继续留在婆家。

在街区法庭上，艾玛苏卡尔与恩利勒伊祖继续为了离婚官司而唇枪舌剑。

目前的焦点聚集在女方是否有错这一点上，因为根据法律规定要是女方有错，那么恩利勒伊祖有权扣留绝大部分的嫁妆作为对自己的补偿，反之艾玛苏卡尔就可以打包全部嫁妆“完璧归赵”。

《汉穆拉比法典》做了如下规定：“如果一个女人厌恶她的丈夫，因而说：你不要占有我。那么应该在她的邻居之间调查她的情况，如果她洁身自重没有过失，而她的丈夫经常外出带给她耻辱，那么这个女人无罪，她应该拿了她的嫁妆回她父亲家里去。”

这条法律是保护离婚女人财产权利至关重要的一条，关键就在于能否证明艾玛苏卡尔是无过错的一方。一堆由街坊邻居组成的妇女证人被招上法庭，这里是这些家庭主妇们合法八卦各种家长里短鸡毛蒜皮的天赐舞台。法官被七嘴八舌的证词搞得头晕脑涨，幸好在恩利勒的神威面前没哪位“八婆”敢做出伪证，所以综合各种信息之后法官得出结论：虽然艾玛苏卡尔是个喜欢说话的女人，但邻居们从未见过艾玛苏卡尔羞辱自己的丈夫，反倒是恩利勒伊祖在婚后一直无情冷漠地对待妻子。

就在这时，艾玛苏卡尔忽然提出了一个惊人的证据以支持自己的离婚主张：她至今还是处子之身！

法庭上下被震惊了，法官经过思考后决定请出街区有名望的女性在隐蔽处对艾玛苏卡尔进行检查验证。结果证实她的确一直保持着女儿身，恩利勒伊祖顿时成为狼狈不堪的众矢之的。基于巴比伦法律的原则，法官决定给恩利勒伊祖一次悔改的机会。他严肃地指出目前的证据会导致恩利勒伊祖被判决有罪，因为他使自己的妻子保持女儿身不给她应得的夫妻之欢，并且还以各种手段逼迫她提出离婚，更提出不存在的指控以此贪图妻子的嫁妆。如果恩利勒伊祖可以保证从此后公正对待妻子，给她合理的夫妻生活的话，法庭考虑阻止这次离婚——这也是女方所希望的。

但恩利勒伊祖坚持说自己讨厌这个爱唠叨的女人，并坦白他已经花光了妻子的嫁妆，所以既不要维持这段婚姻也不能归还她的嫁妆。这个渣男在法庭上一刀切掉妻子裙子上的花边表示一刀两断，接着扯直了嗓子喊道：“我还是不愿做她的丈夫！你们可以把我投入监狱，直到我设法把钱还清。”

法官无奈地看着这个不可救药的浑蛋，他宣布自己拥有身为“国王仆从”的官方合法身份，以恩利勒和国王的名义宣判艾玛苏卡尔与恩利勒伊祖的《婚姻契约》失效，吩咐狱卒将恩利勒伊祖关入牢房，直到他付清与艾玛苏卡尔嫁妆等值的金钱。

这份离婚判卷宣告了一桩古巴比伦婚姻的结束，书吏写下的楔形文字在三千七百多年后无声地讲述着这个“爱恨西元前”的故事……

第六节

舌尖上的伊甸园

1996 年，一个叫作吉恩·博泰罗的法国老头将一份列有三十五道菜式的外国食谱公之于众，一时间造成了不小的轰动。

按说以法兰西美食文化的地位和法国人的傲慢性格，一份海外食谱似乎不值得新闻界大惊小怪。但偏偏这份菜谱不仅轰动欧洲，连美国媒体也兴致勃勃地做出专题报道——这并不是因为吉恩·博泰罗大逆不道地建议将汉堡包和可乐列入爱舍丽宫的国宴菜单，而是因为这份食谱的年份实在古老得令人叹为观止。

那么年份有多久？

看看美国《纽黑文纪事报》的溢美之词就知道了："四千年前的羊腿，在由神秘的美索不达米亚香料调制而成的浓稠酱汁中滚沸翻腾，你似乎都能闻到这种浓郁香味。"想想看，这是一份四千年前的食谱，难怪会令美国人惊叹不已，毕竟他们自己国家的历史还不够四百年呢……

能提供这种食谱的自然不会是普通人，这位吉恩·博泰罗并不是米其林大厨，而是一位专门研究美索不达米亚文明的历史学家，他所翻译的食谱来自巴比伦时代的几块泥版。在耶鲁大学巴比伦古物陈列馆的展台中，静静地躺着三块汉穆拉比时代的泥版，上面刻着的楔形文字便是曾经震动世界的巴比伦菜谱。三千七百余年前，古巴比伦的书吏手握芦苇秆，在湿润的泥版上记下了各类宴会“硬菜”的做法。经验丰富的厨师告诉书吏小山羊肉要和大蒜、洋葱、羊尾油和酸奶一起煨熟；炖萝卜则不必浪费肉，直接在水开后下肥油、洋葱、鹰嘴豆与萝卜同煮，再加脊状荆棘、茴香等香料，出锅时将韭葱和大蒜捣成泥浇在菜上，最后再放上生洋葱和薄荷叶便大功告成。

除了这些以外，各类炖肉、蔬菜清汤也逐一记录在案。书吏一边咽着口水一边记下厨子的心得，想想回家能吃到的粗茶淡饭，恐怕难免会心里胃里一同泛酸。但在那个时代，就算是巴比伦人日常的饮食已经足以令其他地方的原始部落居民羡慕不已，因为在巴比伦人描述菜谱的时候，其他区域的人大多还在光着身子茹毛饮血呢。

西方人都说两河之间就是最初的人间天堂，这些楔形文字记载的正是来自伊甸园的美食奥秘。

天国的蜜糖

作为介绍巴比伦的西方第一人，古希腊历史学家希罗多德自然也对巴比伦人的饮食做了细致描述。在他的笔下，巴比伦人中有三个部落的人只吃鱼不吃粮食，这些老乡们把打上来的鱼放在阳光之下晒成小鱼干，然后又把干鱼放到石臼里用杵捣成粉末后煮成鱼糕或是烤成鱼面包吃。

除此之外，希罗多德在《历史》中曾这样描述巴比伦人的农业生产：

在我们所知道的一切国土当中，巴比伦这个地方的土地要比其他地方肥沃得多，在它上面生长的戴美特尔女神的谷物也断然是最好不过的。

诚然，那地方看不出可以种植无花果、橄榄、葡萄或任何其他的树木，但是谷物生产得如此丰富，产量竟达种植时播下的种子的二百倍，而在收成最好的时候，可达三百倍——那里小麦和大麦的叶子常常有四根手指那样宽！

至于小米和芝麻，虽然我自己知道得很清楚，我也不必说它们长得有多大多高了，因为我很清楚，我写的关于巴比伦的谷物的丰足情况，对于没有亲身到过这里的人来说，实在是很难相信的。他们使用的油只有芝麻油而不用别的油。

在那里的平原上，生长着大量的椰枣树，其中的大部分都长果子，人们就可以用这些果子来做面包、酿酒并制作蜜饯。他们培育这种树和培育无花果树一样，当地人把雄椰子果实系到椰枣树的树枝上面，这样没食子蜂的幼虫就会钻到果实里面去，促使椰枣成熟后掉落到地上。

希罗多德坚定地认为巴比伦人已经掌握了相当先进的生物催熟方法，但当时孤陋寡闻的希腊读者十分怀疑这位学者的描述。不过两河流域的确是有拿着椰枣树雄树的花爬上雌树授粉的人工授粉传统，古阿拉伯人就已经留下了明确的记录。椰枣树的名字听起来的确是容易让人掉进坑里。不过如果你看看椰枣树那酷似椰子树的外形，就明白这么叫它的原因了。幸亏我们已经破译了那些泥版上的神秘文字，所以可以跟着一位巴比伦的椰枣树主人，看看四千年前真实的果园模样了。

在古巴比伦时代的某一天，一位体面的巴比伦人——辛巴尼之子蒲朱尔库比坐在生意伙伴的驴车上赶往自己的椰枣树果园。这座果园大约有一伊库大小，相当于中国的五亩四分地。

果园的前任主人是那比伊利舒之子瓦拉德恩利，不过现在无疑是蒲朱尔库比完全支配着它。

椰枣树的根深扎地下，只要有地下水就能活。它耐盐碱、抗高温、耐干旱，种下基本不用管。椰枣甘甜坚硬，易于储存携带，吃起来更是富有营养易于消化，树干分泌的汁液可以制糖……不过这些浑身是宝的椰枣树虽然耐旱，要想长高长大也一样需要土地肥沃水源充足。因此美索不达米亚流域的果园大都紧邻着大河、水渠或水塘而建，这导致大片椰枣树林集中在水源地附近，巴比伦人的果园也比邻而建。

蒲朱尔库比果园的一边邻近伊勒塔尼的果园和水塘，一边邻近达玛柯吞之子阿穆如姆的果园。果园里的椰枣树郁郁葱葱，有些树木高达二十米。感谢伊南娜女神的庇护，让这些树能活一百五十年，至少还能为主人的几代后人服务。

现在正是开窗月（10 月），坐在驴车里的蒲朱尔库比离得老远就看见椰枣树上一大蓬一大蓬的棕红色果实——那是一串串密集的椰枣，是伊南娜女神赐给他的财富。

蒲朱尔库比的儿子伊克伊士塔尔正在果园里，这位少爷监督着衣衫褴褛的奴隶们去收获。女人们将一张张垫子铺在椰枣树下，孩子们拎着篮子和笤帚在一旁等着，这些工具都是用椰枣树枝叶编成的。男人们蹲在树下，用铜镰刀把老树根部生出的嫩芽砍下来，削去硬皮后如咀嚼甘蔗一样嚼着吃。等到女人们准备好了，男人们把粗绳子绕过树干后系在腰间，像现代工人攀上电线杆一样，赤脚蹬着树干，借助手里绳子的摩擦力一点点攀上高耸的树干。爬上树冠后，他们麻利地抽出镰刀砍掉一丛丛挂满果实的枝条，在这个过程中成熟的椰枣像下雨一样落下来，孩子们灵活地用笤帚把落果聚拢起来装进篮子里。男人们背着大丛椰枣爬下来，这些长椭圆形的果子成百上千个集结成一团，每团重七八公斤，这可是个危险的体力活。等到树上五到十团的果实全部砍下来以后，垫子上的棕红色椰枣已经堆得像座小山。男人们开始休息，女人孩子们围坐在垫子周围，快速地将椰枣摘下来放在篮子里。一篮篮椰枣被提到水塘边的灶台前，经验丰富的老奴站在泥土砌成的高大灶台上，指挥大家将椰枣倒进大铜锅中滚开的沸水里。

炉灶里的燃料是干枯的椰枣树叶片和枝条，火苗沿着锅底活泼地跳跃，椰枣在滚开的幼发拉底河水中翻滚，炉灶周围的空气中弥漫着浓厚的香甜味道，尤其是那些从锅里冒出来的白色蒸气，简直像是飘浮在空中的蜜汁浓汤……老奴用长柄笊篱把焯水煮过的椰枣捞到空篮子里，这些滚烫的果实被放到烈日下的席子上晾晒。鲜果经过煮沸和干燥处理后不会轻易腐败可以长久保存，更可贵的是它脱水后变得像蜂蜜一样甜，正因如此两河之地才被称为流淌着奶和蜜的伊甸园。

蒲朱尔库比坐着驴车来到果园，那些晒干的椰枣被装进生意伙伴的羊毛袋子里装车运走。椰枣是神灵恩赐的食品，是平民家里的上等小吃，更是商队和军队青睐的口粮。在《亚述王辛那赫里布八次战役铭记》的文献中，专门提及在巴比伦之王美罗达赫巴丹的战利品中包括二十头驴驮的椰枣。

蒲朱尔库比拿起一颗晶莹油亮的椰枣，那股甜腻的馨香沿着他的鼻腔直抵心房。这甜蜜的财富似乎会世世代代陪伴他的家族散叶开枝，但一份泥版文书上的楔形文字冰冷地记录下果园日后被一位名叫宁舒布尔乌的买主从伊克伊士塔尔手里整个买去。这生机勃勃的果园再一次换了主人，而蒲朱尔库比家的衰落也成为古巴比伦历史中微不足道的一声叹息。

神圣的面包

在巴比伦人的日常饮食中，面包无疑占据了最重要的地位。这里所说的面包也包括了各种面饼，而这些食品则毫无疑问地并不是希罗多德所宣称的“鱼面包”，而是用谷物制成的。虽然一般认为是埃及人率先发明了面包，但也有些学者认为面包是苏美尔人奉献给人类的美食。苏美尔人把大麦磨成面粉，和成面团，发酵后放在砖砌炉灶和多眼烹饪灶中进行烘烤，讲究的人家还会在面包里面加上蜂蜜或椰枣汁调味。到了巴比伦时代，大麦依旧是最重要的谷物之一。不管是奴隶还是自由人，大麦养活了美索不达米亚土地上所有的生灵。除了大麦之外，这里的人民还能吃到小米、小麦和大米——但数量相当稀少。可以说，巴比伦人的面包基本上就是大麦面包，巴比伦的面包师在生面团中加入各种作料来制成不同口味的面包，最常用的办法是加入芝麻油——希罗多德的说法并不准确，巴比伦人食用的油范围广泛，还有橄榄油、黄油、羊尾油也经常被使用；在香料中各种芳香草药都在考虑范围之内，小茴香、茴香籽、藏红花、芝麻、芥末都曾登上过泥版记录的面包配料方案，其中尤以香菜面包最为常见。在两河流域，面包是神圣的。俗话说有一千种神灵，就会有一千种面包去供奉。农耕民族深刻理解水和食物给了他们生命，所以从苏美尔人时代开始，面包就是献祭给神灵的重要祭品。这个传统在整个美索不达米亚文明持续期间一直得到延续，经过赫梯时代在新巴比伦达到登峰造极的地步。那些献祭给不同神灵的面包在种类和制作方法上各有不同，献给女神的一般是蛋糕，献给男神的一般是精细的大麦面包，献给魔神的则是添加很多杂七杂八作料的面饼——似乎巴比伦的乡亲们是按照自己的口味做出判断的，女人喜欢甜食，男人接受普通口味，而魔神就用怪味搭配去对付得了……

除了口味不同，面包的外形也很有讲究。祭神的面包分为两大潮流：动物流和器官流。倾向于动物流的面包师会将面包捏成绵羊、小山羊、家猪、公牛和狗等形状；而器官流的师傅则像个外科医生一般捏出手指、手掌、舌头、牙齿、心脏等造型，不知道的还以为神灵喜欢碎尸现场再现呢……

巴比伦面包师的创意当然不仅限于此，在献祭给神庙的面包中还有几何和天体两个较小的流派。其中几何形的面包中常见的有碟形、球形、环形、长方形（往往添加葡萄馅改善口感）以及镶嵌石榴的多边形等；至于天体形状则主要集中在对月亮的描述上，有新月形、满月形之分，更有一举囊括太阳、月亮和满天星辰（以葡萄干代替）的

"满汉全席"型面包。

以上这些面包在献祭完成之后，基本上都是由神庙人员吃掉的，也不枉面包师傅们一场辛苦了。

给神吃的面包如此花里胡哨，那么巴比伦人日常吃的面包是什么样子呢?

在新巴比伦时代，一个叫班喜尔的造车工匠清晨起来时，他妻子准备的早饭只有老面包和蔬菜。老面包听起来挺玄妙，但实际上是指那些接近败坏的陈腐面包，那么新鲜面包叫啥呢?答案就写在它脸上——新面包嘛。

巴比伦城中家境宽裕的人家在制作面包时往往会吩咐女人们用筛子多筛几遍面粉，好用细粉制作口味更好的软面包。穷人家自然讲究不起，只能吃麸皮比例较大的粗面包。像班喜尔这样家境窘迫的，自然讲究不得有啥吃啥。他一边啃着变味的面包一边望着窗外，晨曦中一长队王宫奴隶正沿着街道走来，他们的肤色人种各异，每人肩上都扛着一个沉重的羊皮袋，走向远方的空中花园。这些人裹着衣不遮体的破羊毛或亚麻布遮羞，睡在干草堆上，顿顿饭都是水煮大麦粒做成的稀粥。相比之下，班喜尔面前至少还摆着盐、芥末和一盘蔬菜，这已经令他非常满足了。

巴比伦的蔬菜主要是种在院落周围树木阴凉之下的，最常见的是洋葱和小扁豆、豌豆，同时，大蒜和韭葱也非常普遍。拥有小块田地的人家可以种上黄瓜、南瓜、白菜、香菜、胡萝卜、甜菜和菜花。此外莴苣和生菜也已经开始走上餐桌，拍马屁的地方官更会为王宫进贡季节性的蘑菇和地衣苔藓作为奢侈的时令小菜。

就在班喜尔埋头吃喝的时候，城里那些中等人家也在餐桌上摆出面包蛋糕和一些水果。一般来说除非是富贵之家，否则水果必然就是椰枣、无花果和葡萄这老三样；那些富裕商人和贵族家庭的桌上则有苹果、石榴、杏子、李子、橄榄和梨。作为开心果的原产地，这种美味干果在巴比伦各阶层的餐桌上随处可见。

班喜尔在城中转了一圈寻找朋友借贷，在泥版上留有他与朋友的交涉过程。到了黄昏时分，班喜尔沮丧地回到家里准备吃晚饭。

巴比伦平民一天只吃两顿饭，摆在班喜尔面前的是大麦面饼、蔬菜和山羊奶。餐桌上没有任何肉类，虽然班喜尔和其他巴比伦人一样也很喜欢吃鱼，但他们家买不起。

除了谷物之外，巴比伦人第二大食物来源就是动物。

美索不达米亚地区的先民拥有悠久的狩猎和畜牧传统，早在六千五百年之前，伊朗高原上的猎手们就用大群的野山羊、野绵羊、羚羊和野驴来交换平原地区的粮食，这些被驯化的野生小麦、大麦和燕麦的种植在七千五百年前就已经开始了。而在美索不达米亚平原南部，更是在四万年前就已经出现驯化饲养山羊和绵羊的证据。到了巴比伦人的时代，他们依旧与祖先一样吃动物的肉、蛋、奶、血、内脏和脂肪。巴比伦的肉类食谱中包括家养的牛羊猪和鸡鸭鹅，其中绵羊吃得最多，山羊、猪和牛的消费量依次下降。在巴比伦城中有专门宰猪宰牛的屠夫，猪肉总是比牛肉抢手，因为巴比伦的牛肩负着耕地的重任，等到年老不堪役使才会被拉去宰杀，这种又柴又硬还贵的牛肉自然不比猪肉受欢迎。就算偶尔有小牛肉上市，巴比伦人仍是更偏爱有着丰富油脂的猪肉。

除了一般的家畜之外，出现在巴比伦城中的还有野味，市场上能见到野猪、麋鹿、牡鹿、瞪羚，各种沼泽野鸟、鹧鸪和鸽子，同样来自沼泽的鲈鱼、鲤鱼、鳗鱼以及田鼠，事实上巴比伦人认为这些肥大的老鼠烤着吃非常美味。巴比伦很多人家里养着奶牛或奶羊，女主人会在挤奶时先把幼畜拴起来以免抢食，然后将牛羊的奶挤在陶罐里面。新鲜的奶容易变质，所以羊奶和牛奶大多会被制成酸奶酪或干奶酪。主妇们摇晃着装满牛奶的陶罐从而使油脂凝结，接着分离出黄油和脱脂牛羊奶。

吃完晚饭之后，班喜尔继续为明天的工作做准备，直到夜色已深，他才怀着对明天生计的忧虑，带着疲劳沉沉睡去。

麦芽的味道

当清凉的月光洒在两河之地时，巴比伦城迎来了又一个夜晚。

辛艾瑞巴木家的女奴纳兹温蜜在庭院中用力和着湿面团，发酵膨化的面团特别黏，一股淡淡的麦芽糖香气混合着发酵后的酸味，这股气味顺着她的双手双臂攀上来，缠住她全身每一个地方。纳兹温蜜的小女儿阿玛特光着脚丫在院子里跑来跑去，这年幼的孩子抱着几根柴火在柴堆和烤面包炉之间来回奔波，竭力帮妈妈做点事情。

阿玛特的父亲也是奴隶，白天随主人去城外下地干活到现在还没回来。

纳兹温蜜把手里的面团举起来向酒神宁卡西祷告，感谢女神赐予自己的一双巧手，她自信凭借勤劳和忠诚可以让自己一家人不被卖掉长相厮守。辛艾瑞巴木只是个神庙工匠头领，他的家里虽然不算多富裕，却因为纳兹温蜜酿啤酒的手艺好而被邻居们羡慕，女主人也借此经营起一家小酒馆贴补家用。

按照美索不达米亚的悠久传统，啤酒酿造是被妇女所掌握的独门手艺。巴比伦的啤酒由妇女在家里自产自用，甚至是自销，由妇女经营的家庭小作坊和小酒馆在整个美索不达米亚非常普遍。《汉穆拉比法典》中曾对家庭酒店管理和啤酒价格做出专门规定，其中特别提到卖啤酒的妇女不得违背伟大国王制定的啤酒价格管制法规，那些胆敢哄抬物价高价出售啤酒的女犯人会被扔到河里淹死；如果妇女容留逃犯逃奴在她们的酒店饮酒而不向地方官报告的话，也一样要处以死刑。在美索布达米亚，面包发明后自然水到渠成地刺激了啤酒的出现，有些激进的考古学者认为美索不达米亚地区的啤酒在六千年前就已出现。这种看法令埃及学家们颇为不满——多年来大家都说好的，酿酒业起源于古埃及嘛！

总之无论是酒最早起源于埃及还是由苏美尔人最早把酒奉献给人类，这两种说法都有各自的考古学证据支持，就两河地区出土的泥版记录而言，苏美尔人的楔形文字表明他们在六千年前就已经掌握了用面包制作发酵饮料的技术，这要比埃及啤酒的出现至少早两千年。

苏美尔的酿酒作坊遗址出土了酿酒用的炉子、圆桶和储存酒的酒坛和酒桶等器具，泥版文字上写着复式发酵法的酿酒配方，苏美尔人用大麦、小麦和黑麦通过发酵制成饮料，在美索不达米亚南部出土的陶罐中发现了麦芽糖的痕迹。虽然这种饮料是否能算真正的啤酒还有争议，但毫无疑问已经是啤酒的滥觞。

苏美尔人的啤酒酿造配方一直延续到巴比伦时代，不同时代出土的啤酒制造秘诀大同小异，基本上的流程都是先将原料中的燕麦脱皮以方便其发芽，而皮薄的大麦就可以省去这个步骤。等粮食发芽之后将其烘干粉碎并加水混合，再放入酵母静待发酵成一个松软的湿面团，巴比伦人管这个面团烤出来的产物叫作“啤酒面包”。将啤酒面包送入炉灶，根据啤酒口味不同按照不同的火候烤制。出炉的啤酒面包一般分为深色和浅色两种，都是用来制作啤酒的原料。

纳兹温蜜将和好的面团放在案板上醒着，把上一批烤好的啤酒面包丢进陶罐里用木杵捣碎。阿玛特捧着陶杯走过来，把清凉的井水倒进陶罐里面。母女俩相视一笑，默契地轻轻唱起献给女神的颂歌：

宁卡西，是你双手捧着那无上甜美的麦芽汁；

宁卡西，是你将滤清的啤酒从瓮中倾倒，恰似底格里斯河与幼发拉底河的激流……

等到面包渣和井水混合着泡沫变得难解难分，纳兹温蜜将一些蜂蜜、肉桂和“格斯汀”发酵粉丢进陶罐里继续搅拌，按照拌料的配方和发酵工艺，巴比伦的啤酒分为金啤、黑啤和红啤。等到一切混合成一股又酸又甜香气扑鼻的黏稠液体，纳兹温蜜就将一个细密的筛子放在酒瓮口，将陶罐里的液体过滤后倒进酒瓮任其发酵。

陶罐里的液体发酵完成之后，一瓮啤酒就酿好了。

巴比伦人在饮用啤酒时讲究用大约到人小腿高的专用陶质酒具，酒瓮里的啤酒在倒入酒具时进行第二次过滤，以免残渣影响口感。所有的调味剂残渣和杂质被筛子排除，只留下清亮醇厚的甜味啤酒供人畅饮。在巴比伦时代的人们仍按照苏美尔人的传统用半人高的麦秆插在酒具里面做吸管，自己坐在凳子上从容饮酒。

会不会喝啤酒是区别文明人与蛮族的标志，正如史诗《吉尔伽美什》中吉尔伽美什教化蛮人恩奇都那样，做一个文明人首先要从懂得吃面包喝啤酒做起。只要接受了这两件事，神灵赐予人类的智慧便会在凶残的蛮子心中生根发芽，哪怕是他喝多了发酒疯造成的破坏与先前一样大，也不过是文明人的偶尔失态罢了。

除了妇女酿造的啤酒之外，巴比伦人还喜欢其他更有劲一些的饮料。

当时除了啤酒之外，还有葡萄酒、椰枣酒、奶酒等酒类。后三种酒里面尤以葡萄酒的产量最大，因为它的制作最简单，只需要在适宜的温度下，把裂开的葡萄放在容器里发酵就足够了。

俗话说饱暖思淫欲，但从《汉穆拉比法典》颁布开始，巴比伦有个独特的“扫黄”传统：严禁本国人经营从事色情行业的酒店和旅店，违者会处以极刑。但法律并不是铁板一块，巴比伦偏偏又允许外国人开设旅店、酒店和妓院，于是那些有钱的市民往往跑到外侨社区去寻欢作乐。

夜色中，从那些外国人酒店中传来的音乐和人声隐约飘荡到辛艾瑞巴木家的院落里。爸爸还没有回来，等待许久的阿玛特已经依偎在妈妈怀里睡着了。纳兹温蜜一边拍着孩子的后背一边仰望着明月，她向所有的神灵祷告，盼望一家人能够永远平安地生活在一起。

数年之后，一份泥版冰冷地宣告巴比伦人伊勒伊比舒从辛艾瑞巴木手中买走了女奴纳兹温蜜和她的孩子阿玛特。永恒的月光依旧洒在巴比伦的土地上，在那个曾寄托着奴隶酿酒师所有心愿的小院里，却再也看不见那一对母子的身影。

无尽的盛宴

在美索不达米亚的神话中，统治世界的众神生活得非常自由洒脱，随心所欲。他们在神界一边畅饮美酒一边商讨大事，正如人间君王的日常生活那样。

既然有美酒自然少不了美食，美索不达米亚的神灵是人间君王的神格化写照，他们享用的美食也是尘世间的山珍海味。

巴比伦王室宫廷的饮食无疑代表着美索不达米亚饮食文化所能达到的巅峰，数不胜数的泥版记录着王室每日的开销，也让后人清晰地了解到当时君王所能享用的一切。

在王宫酒库中储存的酒类主要是椰枣酒、葡萄酒和啤酒，此外还有从统治美索不达米亚南部的马瑞国运来的珍贵烈酒，这种酒一向是马瑞国王送给巴比伦王的厚重国礼。

宫廷酒宴中，葡萄酒是最好的饮料，一般都用来招待贵宾。出于经济的考虑，普通筵席以羊肉为主要肉类。但对于少数 VIP 贵宾以及国王陛下本人而言，并不存在预算问题。王国的地方大臣每个月都会派人赶着大群的绵羊、山羊、猪、牛、马、骆驼、驴等送到巴比伦城中，这些牲畜最后都变成酒宴上的菜肴。

新巴比伦的一代雄主尼布甲尼撒二世时常在自己的宫殿中大宴宾客。按照惯例，陛下总是穿着华丽的羊毛衣袍端坐在宝座上，他手持金杯品尝美酒，耳边环绕着巴比伦乐师演奏的音乐。在国王对面端坐着巴比伦城中的贵族重臣，他们坐在自己的座位上，高举酒杯，不停地向国王致敬进酒。尼布甲尼撒二世的公主与王子有时也出席酒宴，这些王室贵胄端坐在座位上，同样手捧酒杯，手里拿着苏美尔式的单尖叉子——这也是世界上最早出现的餐叉。

现在主客就位，可以上菜啦！

中国菜式讲究“煎炒烹炸”的烹饪方式，而巴比伦王宫中的硬菜则多用“烤炖炸”制作。

美索不达米亚平原自史前便流行食用烤肉，早在赫梯人的时代，人们就已发现葡萄酒可以软化烤肉并且增强口感。此外使用葡萄酒、芝麻油和橄榄油混合在一起做成的一种调味汁拌蔬菜沙拉也非常不错。

到了新巴比伦时期，各种烤肉依旧非常流行，平民的酒宴上总少不了烤猪排的香气。

在王宫的厨房里，厨师将公羊的右耳在火上炙烤，同时，他的同伴将一种厚实扁平的硬面包浸泡在浓厚的羊肉汁中，等到面包吸饱了肉汁，再用叉子架到火上烤干。为了增加香气，还要在面包上浇一层蜂蜜和橄榄油。装盘的时候，助手们在开裂的面包里塞入烤好的羊耳和洋葱段，这道“巴比伦汉堡包”便可以放在托盘里进献给伟大的尼布甲尼撒二世陛下享用了。

配合烤羊耳的点心是肉馅烤包子和烤猪排，辅以油炸肉丸和油煎埃及鸵鸟蛋。刚从火上取下来的烤猪排还在滋滋作响地滴着热油，这些油脂被垫在猪排下面的面包吸收，浓郁的香气在四周弥漫。

到了撸串的时候啦！

厨师们首先献上用公羊肺、羊后颈肉和羊心烤成的烤串——这些烤串可以选择蘸着蜂蜜或椰枣蜜，或者芝麻香油和橄榄油的小料来吃。接下来是用盐腌制之后撒上面粉烤出来的羊肝、羊心串，面粉可以让这些羊下水发出感应神灵的烟气，此外涂在羊心羊肝上的橄榄油酱汁可以令其颜色更深、口感更嫩。

为了这场宴会，厨房里正准备一种口味诱人的暗黑料理——烤羊肠。打下手的奴隶们用面粉和盐粒将羊肠子里外都清洗干净以后，厨师将剁碎的羊肉末和各种香料一起塞进羊肠里面，再将羊肠编成辫子形状缠绕在长长的金属棒上，最后金属棒被抬到火堆上慢慢烤。等到羊肠里面的羊肉和肠道自带的油脂在高温下融为一体的时候，厨师用刀子把羊肠切成圆形的薄片，撒上炒熟的芝麻、香菜和洋葱末，羊肠便带着一股“罪恶”的香气被端上酒席。

羊肠之后是去掉头部和四蹄的烤全羊，羊肚子里的内脏已被掏空，里面塞满了石榴籽和煮熟的羊肉块。石榴在当时的美索不达米亚属于较为稀罕的水果，它显示出国王的富足。总体而言这道菜除了壮观基本上缺乏特色，是一道较为典型的看菜。

作为撸串的尾声，还有什么能比九大串鲜嫩无比的羊肉串更痛快？这些长长的烤串以一块瘦肉加一块羊尾油的形式形成肥瘦相间的布局，羊肉事先用啤酒、盐和胡椒腌过，烤制的时候先用大火锁住水分，接着以小火边烤边刷上橄榄油和芝麻油。等它们带着特有的烟火气扑面而来时，滚滚肉香将宴会的气氛推向高潮。

烤串之后，厨房端上一道浓汤。这道汤是以羊骨和小羊肉慢火熬成浓厚的白汤，醇厚的汤碗上浮着一层金黄的上等橄榄油，一口下去满嘴都是植物和动物油脂混合后的奇特浓香。喝了几口羊汤之后，陛下也许还有心情品尝用烤小羊肉蘸蜂蜜和橄榄油制成的配菜——这些小羊肉是在浓汤里煨熟后，又架到火上烤制而成的。

身为两河之地的统治者，酒宴上怎能没有河鲜？

厨师们早就做好了准备——答案就是来自底格里斯河的鲤鱼！十多斤重活蹦乱跳的鲤鱼被破膛洗净，厨师从鱼的腹部将它一剖两半，用几根筷子粗细的椰枣树枝条横穿于鱼皮之间将其撑开，再用一长根枝条一头插在鱼的脊背上，另一头插在火塘边，让鲜鱼鱼肉向内鱼皮向外对着火塘。火塘里早堆满燃烧着的椰枣木，在热气蒸腾之间好像鱼还在烟火中游动一般。等到鱼肉由白变黄，由黄转褐，厨师将鱼换个面架在火塘中的余烬上继续烤。直到鱼鳍被烤焦冒烟燃起微小的火苗时，赶紧将柠檬汁挤到鱼肉上，再撒上细盐和一层洋葱段之后，这条带着浓厚果香、鱼香和焦香的烤鱼便被奉献到陛下眼前了。

有些时候，巴比伦王宫的宴会上会出现一些腌制的海鲜品种，以及油炸蚂蚱、蚂蚁卵之类的珍奇小菜，在此期间以蘑菇和金针菇做成的羹汤也会见缝插针地端上桌来。

除了荤菜之外，王宫中也提供精美的素菜。其中最有特色的便是鹰嘴豆泥。坚硬无比的鹰嘴豆事先用井水浸泡一夜，然后倒进锅里煮

大英博物馆藏，《乌尔王军旗》木板浮雕中表现庆功宴会的一面

到熟透。煮好的豆子被放进陶罐里，再加入芝麻酱、柠檬汁、核桃仁、松仁和大蒜，用木杵将它们捣成烂泥。于是在鹰嘴豆绵密松软的口感之中便缠绕着芝麻酱的暗香、柠檬的酸和清香、坚果的浓香、蒜的辛香，织成让人回味的口感。

在上桌之前，浇一勺橄榄油和细香葱拌的酸奶再做最后的搅拌，点缀上香菜或是欧芹叶片让它卖相更好。这样一来，当陛下感觉撸串撸得腻味之后，便用未发酵的薄饼蘸着鹰嘴豆泥吃，享受植物带来的美味奇香。

作为王宫的御厨，会做素菜自然也会煮素汤。王室宴席上可以喝到咸味的茄子汤、鹰嘴豆汤，甜味的甘草汤、乳酪麦仁汤，酸味的杏干汤、酸角汤……

以上只是尼布甲尼撒二世菜单的一部分而已，根据出土的残缺泥版的记录，光是有具体名称和做法的大菜就有二十九道之多。其他的伊甸园美味还埋藏在漫漫黄沙尘土之下，静静等待后人的探索发现。

巴比伦王宫中无尽的盛宴似乎永无散席的那一刻，过度发达的饮食文化造成奢侈糜烂的社会风气。就在国王、贵族、祭司追求极致的口舌之欲时，巴比伦的平民和奴隶还在为了温饱而挣扎。《汉穆拉比法典》中多次提到“女人因家中没有食物而进入另一个男人的家中”，这类纠纷案例贯穿整个美索不达米亚文明。

伊甸园中存在悬殊的贫富差距与阶级间的鸿沟壁垒，正如杜甫的名句“朱门酒肉臭，路有冻死骨”，舌尖上的伊甸园除了甘美之外，还隐约带着一丝苦涩。

第七节

伊甸园的葬礼

1922 年的一天，英国考古学家列奥纳德·伍利走下伊拉克巴士拉—巴格达铁路线的火车车厢。伍利立足之处是一个偏远荒凉的铁路小站，周围一片茫茫荒原。伊拉克铁路员工好奇地看着这个难掩激动之情的英国佬，不明白为什么他会对着小站西面那个名为阿穆奎亚的小丘凝望不已——当地人更习惯把这块表面布满沥青的土堆叫作沥青土墩。

此刻的伍利心中默念着“乌尔”这个名字，这是他这位神学院毕业的神父之子为之魂牵梦绕的圣地——他坚信乌尔便是《圣经》中所记载的犹太人祖先亚伯拉罕的出生地“迦勒底人的乌尔”。

伍利此行并非孤身一人，他率领着一支由大英博物馆与美国宾夕法尼亚大学联合组建的庞大的考古队，此后这支考古队对乌尔遗址进行了长达十二年之久的大规模系统发掘，不仅挖出了一个完整的城区，更发现了乌尔王陵——它有个更著名的名字，叫“死人坑”。

就在漫长的发掘过程中，英国最著名的侦探小说家阿加莎·克里斯蒂来到考古现场探访，并留下如此的记录：

我爱上了乌尔。

它在傍晚是那样的美丽：屹立的金字塔形塔庙微微有些朦胧，广阔无垠的沙海每分每秒都在变换颜色，呈现出可爱的浅杏黄色、玫瑰色、蓝色和淡紫色。我喜爱那些发掘工人、工头、挎篮子的小男孩、捡起文物的工人——以及这里所有的一切。

我被过去深深迷住了，看着一把匕首闪耀着金色光芒从沙中缓缓露出，给我一种神秘的浪漫感；看着考古学家从土壤中小心翼翼地取出罐子和其他物品的动作，让我不禁渴望加入其中成为他们的同行……

时光回溯四千余年，也有一个年轻女孩站在同样的地方眺望死人坑。这时乌尔王的墓穴刚刚建好，站在坑边望下去是深不见底的黝黑地穴。送葬人群聚集在墓穴周围，歌手们在乐师伴奏下唱着哀歌与颂歌。乌尔王的石棺被一支由近侍、卫兵、侍女、车夫、乐师、奴隶等组成的队伍送至死人坑，这支队伍一如他活着时出巡的模样。方才眺望墓穴的年轻女孩就是送葬队伍中六十四位侍女之一，她用辉锑矿石粉末涂黑眉毛，用方铅矿混合孔雀石制成的蓝紫色化妆粉涂出眼影。当她的身躯微微动作时，耳环、项链、手镯和脚环发出轻微的脆响。

所有的侍女全都穿着一样的红色长裙，头上佩戴着一模一样的金质柏树叶发箍，其他侍女都将一头长发缠绕银丝带编成辫子再用头巾罩住头发，但这位女孩动作迟缓没来得及编好辫子。于是她匆匆将银丝带揣进口袋里，抱着牛头七弦琴站在队列里。

她这样做是为了不耽误葬礼——她自己的葬礼。

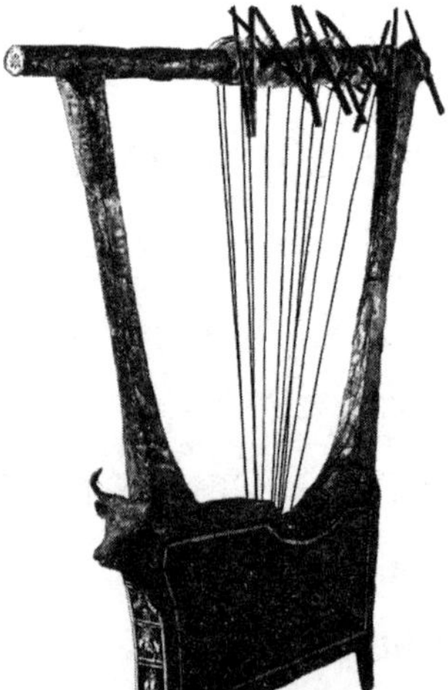

乌尔王陵出土的牛头七弦琴

在美索不达米亚，人死后并不是简单就地一埋了事。在苏美尔人的时代，死者会像古埃及前王朝时期那样经过一系列洗浴、化妆仪式之后，用亚麻布紧紧包裹尸体后放到棺材里埋葬。史诗《吉尔伽美什》中吉尔伽美什的好朋友恩奇都死后，吉尔伽美什就用亚麻布包好恩奇都的尸体，非常小心地放进棺材里：

于是，他把他的朋友，像新嫁娘似的用薄布笼罩。
他就像狮子一样高声吼叫，
与被夺走幼崽的母狮不差分毫。
他在朋友跟前不停地徘徊，
一边把身上的毛发拔下丢掉，
一边扯下并摔碎身上佩戴的各种珍宝。

通过史诗我们可以复原苏美尔人葬礼的基本仪式：首先丧家要邀请专业主持葬礼仪式的祭司主持葬礼，请来歌手唱歌，还要视自家经济条件请来宾客——丧家要负责安排葬礼上的宴会吃喝。在葬礼上，与死者有关系的亲属、朋友一律脱去帽子摘掉头饰，他们撕碎身上的羊毛衣服，穿上专门的丧服。近亲属还要撕扯自己的头发和胡须，并扑倒在地用刀子割破自己的身体，以这种激烈的方式来表达对死者的悼念和不舍。

两河流域一般实行土葬，但美索不达米亚的埋葬方式与古埃及有很大不同。在古埃及一般讲究将死者安葬在尼罗河西岸，因为那里代表阴间。在苏美尔，平民死后一般直接埋在自家庭院里，甚至是埋在房间地板下，至少也要埋在城里某处。这一习俗往往连王室也不例外，在亚述时期就至少有五位国王被直接埋葬在王宫地板之下。

与古埃及讲究的棺木相比，苏美尔人的棺材简直简陋得不像话：他们把两个大陶罐口对口连在一起，就做成了一个棺。普通人的墓穴也只是在地上掘坑后以土坯垒制成一间墓室了事，墓中的随葬品一般不多。普通人的葬礼上一般用牛和山羊作为祭品，但王室的葬礼就完全不同了，埋葬具有半神身份的国王与王后之时通常都要用人殉葬。

苏美尔人在《吉尔伽美什》中讲述英雄人物“死后有部分侍从相伴”，苏美尔的国王也同样渴望在永生的世界有亲人朋友相伴，有侍从奴隶伺候。在音乐和歌声中，乌尔王的石棺与几名已经先行殉死的近侍一同被运进最深处的墓室。在国王石棺的头尾处各有一位贴身侍女的棺木，好让她们在阴间继续侍奉君王，其余几位侍从的棺木按照平时王宫中的排班位置安放。

乌尔王的棺材用贵重的石灰石制成，侍从们则只能在木质棺材中长眠。死人坑的墓穴采用砖砌的拱顶墓室，人们将各种各样的随葬品布置在国王石棺周围和主墓室通道中，这些随葬品种类繁多，绝大部分是精致的手工艺品：金杯、护身符、宝石项链、竖琴、兽俑、贵金属和宝石制成的战车等等，连乌尔王生前喜爱玩耍的游乐玩具也在其中，保证他在阴间能够继续享受今世的生活。

随葬品放置完毕后，人们从外面关上主墓室入口沉重的青铜大门。死人坑最深处被封闭后，在祭司的指挥下六名头戴铜盔手持长矛披挂整齐的国王卫士率领殉葬者队伍走下死人坑。四名驭手分别牵着两架由三头肥壮公牛拉着的牛车紧随其后，车上各站着一名男仆，缰绳上的银铃发出悠扬的声响。接下来终于轮到五十四位侍女踏上人生最后的旅程了。

手捧牛头七弦琴的女孩顺从地随着殉葬队伍步入死人坑，她一边行走一边为自己和同伴弹奏最后的旋律。对于殉葬者而言，他们迎接的不是死亡而是跟随身为半神的王室成员去一个永恒的世界共同生活，从某种意义上来说这是一种荣誉和恩赐。当然，祭司们为了以防万一，事先已经为所有殉葬的人和动物服下了以大麻制作的镇静剂。

在悠扬的琴声中，大家按照祭司的指点站在主墓室外面的小庭院中：国王卫士在墓室入口和通道处站立，驭手们沉默地将牛车的位置调整整齐，侍女们安静肃立，所有人的位置上都铺设了草席作为标志。祭司一边念着咒语一边将一个个尖底陶杯分发给殉葬者，大家镇定自若地喝下杯中的毒药自尽。接着祭司将公牛也全部杀死，并趁着殉葬者的尸体还未僵硬前摆好标准姿势——让所有人的尸体都向左侧卧，双膝弯曲，两臂交叠胸前如安详入睡的婴儿一般。

人们一起填土直到地面上只剩墓穴的泥砖拱顶。祭司们在周围燃起一堆堆篝火，在火光中举行一场葬礼盛宴：大量的面包被放在地面上，大罐大罐的啤酒被倒进地沟中，好让阴间的乌尔王免受饥饿之苦。

接下来的仪式将持续三天，殉葬人数也将继续增加。人们为长方形的死人坑中填入更多的土，祭司们在新的土层上摆放献给冥界众神的祭品，这些祭品被小心地罩上黏土碗以免继续填埋时被泥土污染。此时死人坑已经被填埋一半左右，人们用泥砖在泥土中建起一座地下建筑物，并继续将其填埋并夯实地面。祭司在夯实后的地面上摆满祭品，并放上一具殉葬者的尸体，用泥土掩埋这些祭品和尸体后再夯实地面，并重复这一过程直到泥土填埋到与地面齐平。这时人们用泥砖砌成一个拱顶半盖住死人坑，并在死人坑边上另掘一个长方形地穴埋葬殉葬者中身份最高者的棺材，当填土夯实之后，会在其上建立一座圣堂以保证这个埋葬了乌尔王的王陵永远圣洁。

时光流转，琴声不再，怀抱着牛头七弦琴的女孩死去了。那条没来得及扎在头发上的银发带静静地随主人一起长眠，直到四千年后伍利的铁铲再度将它挖掘出土。薄命的红颜早已化为尘土，只有银发带的悠悠光芒诉说着美索不达米亚的往事。